À propos de l'auteure

Karen Mehringer est une psychothérapeute qui détient une maîtrise en thérapie de couple et familiale. Elle a reçu une formation spéciale en énergie transformatrice et elle possède plus de dix années d'expérience en développement personnel. Elle est propriétaire de la clinique *Creative Transformations*, où elle aide ses clients à poursuivre leurs rêves. Après avoir réalisé leur projet de diviser leur temps entre deux habitations de rêve en Californie — un chalet dans les montagnes et un voilier sur l'océan — Karen et son mari vivent maintenant une nouvelle aventure au Colorado. Pour plus d'information sur Creative Transformations, veuillez consulter le www.liveapurposefullife.com.

NAVIGUEZ
VERS VOS RÊVES

8 étapes pour donner plus de sens à votre vie

Karen Mehringer

Traduit de l'anglais par
Renée Thivierge

éditions

Éditeur : François Doucet
Traduction : Renée Thivierge
Révision linguistique : L. Lespinay
Correction d'épreuves : Isabelle Veillette, Nancy Coulombe
Graphisme de la couverture : Matthieu Fortin
Photo de la couverture : © iStockphoto
Mise en page : Matthieu Fortin
ISBN 978-2-89565-779-8
Première impression : 2008
Dépôt légal : 2008
Bibliothèque et Archives nationales du Québec
Bibliothèque Nationale du Canada

Éditions AdA Inc.
1385, boul. Lionel-Boulet
Varennes, Québec, Canada, J3X 1P7
Téléphone : 450-929-0296
Télécopieur : 450-929-0220
www.ada-inc.com
info@ada-inc.com

Diffusion
Canada :   Éditions AdA Inc.
France :   D.G. Diffusion
             Z.I. des Bogues
             31750 Escalquens - France
             Téléphone : 05-61-00-09-99
Suisse :   Transat - 23.42.77.40
Belgique :   D.G. Diffusion - 05-61-00-09-99

Imprimé au Canada

Participation de la SODEC.   SODEC

Nous reconnaissons l'aide financière du gouvernement du Canada par l'entremise du Programme d'aide au développement de l'industrie de l'édition (PADIÉ) pour nos activités d'édition.
Gouvernement du Québec - Programme de crédit d'impôt pour l'édition de livres - Gestion SODEC.

Catalogage avant publication de Bibliothèque et Archives nationales du Québec et Bibliothèque et Archives Canada

Mehringer, Karen, 1967-

  Naviguez vers vos rêves! : 8 étapes pour donner plus de sens à votre vie

  Traduction de: Sail into your dreams.

  ISBN 978-2-89565-779-8

  1. Actualisation de soi. 2. Vie spirituelle. I. Titre.

BF637.S4M4414 2008   158.1   C2008-942064-0

*Ce livre est dédié à mon mari, John,
dont l'amour et le soutien sont le vent dans mes voiles
pendant que je navigue dans la vie de mes rêves.*

TABLE DES MATIÈRES

PARTIE I
DÉCIDEZ DE PARTIR

PRÉFACE
MON ODYSSÉE PERSONNELLE

> Si quelqu'un avance avec confiance dans la direction
> de ses rêves et qu'il s'efforce de vivre la vie qu'il a
> imaginée, il réussira au-delà de toutes attentes.
>
> — HENRY DAVID THOREAU

Encerclée par le bleu royal des eaux, qui dans toutes les directions s'étendent au-delà de l'horizon, aucune terre en vue, je regarde fixement le sentier de diamants qui scintillent sur la surface de l'océan. Les rayons irradiants du Soleil réchauffent ma peau tel un chandail de cachemire. Nous sommes le 19 août 1998, et c'est ma première traversée océanique d'un voyage qui va transformer ma vie; ce périple me conduira à une vie plus authentique et résolue.

Cette odyssée, qui allait préciser mes objectifs de vie, a commencé à Seattle, dans l'État de Washington, où j'habitais avec mon mari, John. Insatisfaits de notre style de vie, où nous travaillions à temps plein pour revenir à la maison fatigués et nous écraser devant la télévision, il nous restait bien peu d'énergie pour poursuivre nos passions. Notre âme hurlait : *La vie, ça devrait être bien plus que cela !*

Nos emplois ankylosaient nos dons créatifs. Alors que nous adorions Washington pour toute sa beauté naturelle —

les arbres verts, les lacs d'eau douce et les montagnes recouvertes de neige — ainsi que pour les activités de plein air comme la randonnée, le camping et le ski, nous trouvions la température déprimante et il était rare que nous nous engagions dans ce genre d'activités. Nous voulions vivre pleinement notre vie, et non pas assister à un match de football en spectateurs. Nous avons donc pris notre décision. Il était temps de voguer vers de nouveaux horizons.

Ayant soif de plus d'aventure et d'épanouissement dans notre vie, nous avons commencé à prendre des leçons de voile, une activité que nous trouvions passionnante. Notre âme s'animait lorsque nous passions du temps sur l'océan, nous étions alors portés à rêver et à prendre conscience que la vie offrait d'autres possibilités. Comme nous nous intéressions de plus en plus à la voile, nous lisions des revues et des livres sur le sujet. Des histoires de couples partis en croisière autour du monde, ayant adopté un rythme plus lent pour sortir de leur style de vie moderne, nous inspiraient. Le livre de Tania Aebi, *Maiden Voyage*, nous a particulièrement captivés. L'auteure y décrit ses aventures : à l'âge de dix-huit ans, elle avait été la première et la plus jeune Américaine à faire le tour du monde. Des discussions ont suivi : si ces gens avaient pu le faire, pourquoi pas nous ?

Nous avons commencé à rechercher les options. La première consistait à faire partie de l'équipe d'un bateau. Pour une somme d'argent minimale, nous pouvions faire équipe sur le bateau de quelqu'un d'autre et acquérir une expérience valable en même temps que voyager. Comme membres d'une équipe, nous partagerions la responsabilité de la navigation : être à la barre du bateau selon des quarts programmés, effectuer les travaux de nettoyage, et cuisiner les repas.

Après avoir posé notre candidature pour quelques postes, nous avons arrêté notre choix sur un bateau de quatorze mètres qui était en route pour faire le tour du monde. Nous allions nous joindre à l'équipe de ce bateau pour sa seconde étape, qui naviguerait de Fiji à Singapour pendant six mois, pour visiter en cour de route des pays comme la République de Vanuatu, l'Australie et l'Indonésie.

Après avoir mis notre maison en location et pris une année sabbatique, nous avons levé l'ancre et nous avons quitté Seattle le 1er juin 1998. Avant d'aller rejoindre le bateau, nous sommes partis pour un voyage en voiture de trois semaines, faisant du camping tout en explorant plusieurs États différents à la recherche d'une nouvelle maison — une qui puisse faire écho à notre sensibilité. Nous avons roulé vers l'est sur la route I-90 à travers les Cascade Mountains. Le ciel était bleu clair et ensoleillé, les aiguilles de pin scintillaient sur les arbres toujours verts, et nous sentions que l'été était dans l'air. Plus on s'éloignait de la frénésie de la civilisation et de notre *ancienne* vie, plus j'avais le cœur léger. Je me sentais pénétrée de gratitude d'avoir choisi de vivre l'aventure et d'avoir dépassé les confins de nos propres croyances limitatives sur la façon dont la vie *devrait* être vécue. Nous étions enfin libres de suivre ce que nous dictait notre cœur et de commencer une vie nouvelle.

En roulant dans l'État du Montana, à l'extérieur du parc national de Yellowstone, j'ai pris conscience de la beauté majestueuse des montagnes aux sommets enneigés et j'ai ressenti un lien extraordinaire avec le décor environnant. Me rappelant mon amour pour les montagnes, j'ai commencé à faire un rêve éveillé qui me suggérait d'habiter un petit chalet, plus près de la nature. Puis j'ai pensé : *Je ne pourrais jamais vivre dans les montagnes, j'aime trop l'océan.* Ayant grandi près de l'océan, je ne pouvais pas imaginer ne pas avoir accès à la mer. John avait la même impression. Notre dilemme : les deux choix seraient-ils possibles ? C'est alors qu'une vision est née. Un jour, nous aurions un chalet dans les montagnes et un voilier sur l'océan.

Notre voyage en voiture s'est terminé à San Diego, en Californie, où nous sommes immédiatement tombés amoureux des rayons du Soleil, de l'océan et des activités de plein air comme le volley-ball de plage, la planche à voile, et le surf. Les palmiers, la température chaude, et l'atmosphère décontractée nous donnaient une impression de détente, comme si nous étions en vacances. Nous avons décidé que c'était à *cet* endroit où nous aimerions vivre à notre retour. Ensuite, nous nous sommes envolés vers les îles Fiji et nous avons rejoint le bateau pour l'étape suivante de notre voyage.

Alors que nous vivions à bord du bateau, nous avions peu de possessions matérielles, juste assez pour entrer dans un gros sac marin. La vie était devenue très simple et nous étions heureux de vivre dans le moment présent et de ralentir. Nous lavions la vaisselle à la main, nous étendions nos vêtements pour les faire sécher et la préparation des repas était une joie. Le seul horaire que nous observions, c'était celui de notre quart lorsque nous étions en mer entre les destinations. Cette expérience, de même que l'observation de ces cultures ancestrales que nous visitions, nous a vraiment impressionnés ; elle nous a permis de voir que nous étions heureux dans ce style de vie plus lent et plus simple. La plupart des gens étaient heureux et ils avaient très peu de possessions matérielles. Non seulement avons-nous appris sur la simplicité matérielle, mais aussi sur l'importance de simplifier notre façon de voir les choses. Plus nous ralentissions le rythme de nos pensées, plus les distractions diminuaient de nos vies et plus les choses devenaient sacrées; nous étions attentifs pour observer et apprécier ce qui nous entourait. Par exemple, chaque soir, l'observation du coucher de soleil constituait un rituel divertissant qui nous apportait beaucoup de satisfaction pendant que nous observions les couleurs qui changeaient du jaune à l'orange et du magenta au rouge.

À notre retour aux États-Unis, il nous a fallu du temps pour intégrer ces leçons. Tout bougeait si vite. Les choix étaient trop nombreux. Le simple fait de se rendre à l'épicerie suffisait à nous étourdir, et rouler sur l'autoroute nous semblait un trajet en montagnes russes. Comme nous prenions conscience de l'intensité avec laquelle notre société s'était concentrée sur les choses matérielles, notre résolution de mener une vie simple et de ne pas adhérer à la mentalité consommatrice endémique a été renforcée. Mais malgré notre détermination, nous nous sommes retrouvés à glisser lentement dans notre ancien style de vie — travaillant juste pour rembourser l'hypothèque, avec peu d'énergie pour poursuivre nos passions.

La mort prématurée de mon père à l'âge de soixante-quatre ans, seulement neuf mois après avoir pris sa retraite, a été le coup de grâce dont nous avions besoin. Cette perte mettait l'accent sur le fait que nous devions vivre nos rêves — *maintenant*. Le temps était venu de poursuivre notre projet initial — un chalet dans les montagnes et un voilier sur l'océan.

Quelques visites pendant les week-ends nous ont permis de découvrir Big Bear, une magnifique communauté de villégiature dans les montagnes du sud de la Californie. L'un des avantages de Big Bear, par rapport à d'autres localités montagnardes, était sa proximité de l'océan — à deux heures seulement. Nous avons commencé à rechercher les possibilités. Une série d'événements synchronisés se sont mis en place, nous indiquant que cet endroit était vraiment celui où nous devions nous trouver à ce moment précis, et que le moment était le bon moment.

Nous avons cherché un chalet dans le but d'habiter un endroit confortable tout en limitant nos dépenses mensuelles pour que nous puissions nous payer un voilier et accomplir le travail que nous aimions. Nous visions la liberté et la flexibilité. À deux reprises, nous avons présenté des offres sur des maisons fabuleuses, mais plus dispendieuses que ne le prévoyait notre plan. Heureusement, la providence s'en est mêlée et les deux offres ont échoué. Ce n'est qu'alors que nous avons découvert le chalet parfait — en dessous de notre fourchette de prix d'origine. Une année et demie plus tard, nous avons acheté notre voilier, un Catalina, *Windstar*, de dix mètres.

Aujourd'hui, je suis plus heureuse de vivre à cet endroit que je ne l'ai jamais été de vivre à tout autre endroit. Entourée par la nature, je vois par les fenêtres de notre chalet les pins, les prés, les montagnes couvertes de neige, les oiseaux, les écureuils, les chevaux, les ânes et les renards, et je me réveille tôt le matin au son des coyotes qui hurlent plutôt que d'entendre celui de la circulation. Le soleil brille presque chaque jour, et je me sens remplie de gratitude pour ma vie présente.

Le fait d'avoir un voilier comme résidence secondaire, a aussi été extraordinairement satisfaisant. Parmi les choses que j'adore, il y a ces longues promenades sur la plage, observer le coucher du soleil, m'endormir au doux clapotis d'un bateau et au son des vagues qui se brisent, voguer et observer la vie marine — dauphins, baleines, phoques et pélicans.

En tant qu'auteure, psychothérapeute et propriétaire de Creative Transformations, je travaille à mon propre rythme, suivant les cycles de mon corps au lieu de ceux d'une horloge. Mes pensées se sont ralenties, ouvrant de l'espace pour que la créativité et la passion s'épanouissent. De plus, mes clients *veulent* transformer leur vie et réaliser leurs rêves. Mon travail me donne de l'énergie au lieu de m'épuiser. Non seulement je vis dans des endroits que j'adore et j'accomplis un travail que j'aime, mais il me reste de l'énergie pour m'engager dans la communauté et développer des amitiés durables. En même temps que je manifeste mes désirs physiques, je ressens plus de joie et plus de passion, et j'ai des objectifs plus précis dans ma vie. En écoutant ce que me dicte mon cœur et en effectuant des choix authentiques, je vis la vie de mes rêves les plus profonds.

Karen Mehringer
Big Bear City, Californie
Septembre 2005

ENTREPRENEZ VOTRE PROPRE VOYAGE

Cher lecteur et lectrice,

Je suis honorée de partager avec vous mon livre *Naviguez vers vos rêves — 8 étapes pour donner plus de sens à votre vie*. La réalisation de ce livre découle de mon éveil personnel et de ma transformation. Tout a commencé par la décision de réinventer ma vie pour vivre de façon plus authentique, plus passionnée et plus déterminée. En vous présentant les outils qui m'ont aidée personnellement, j'ai l'intention de vous donner les moyens de vous assumer pour que vous puissiez vous créer une vie plus satisfaisante avec des objectifs plus précis.

Naviguez vers vos rêves vous emmène dans votre propre voyage de transformation personnelle. Il incorpore des entrées de journal, des récits de mon odyssée sur l'océan et de mes expériences de vie, tout comme les histoires de personnes que j'ai interviewées; vous y trouverez aussi des principes psychologiques, de la sagesse spirituelle et des outils pratiques. Comme dans un voyage océanique, il se divise en cinq parties — « Décidez de partir », « Préparez votre voyage », « Partez pour des rivages lointains », « Le voyage » et « Arrivez à votre destination ». Ce livre explique le *processus* de navigation vers vos propres rêves. Le voyage commence par l'éveil et la prise de conscience de certains aspects de votre vie qui vous rendent insatisfaits ; ensuite prendre l'entière responsabilité de vos choix jusqu'à présent ; puis adopter les moyens d'effectuer différents choix ; et enfin décider d'entreprendre un voyage de découverte de soi et de transformation.

Au moment de vous préparer pour votre voyage, vous définirez qui vous êtes, ce que vous voulez, et vers quoi vous vous dirigez. Cette découverte de la personne que vous êtes, et de vos véritables désirs, suppose que vous comprenez que vous êtes un être spirituel magnifique et que vous détenez le pouvoir de participer à la création de votre vie tout en explorant ce qui vous passionne et ce qui constitue votre raison d'être. Une fois que vous connaissez la direction vers laquelle vous vous dirigez, vous pourrez faire de la place pour la vie dont vous rêvez en priorisant votre énergie vitale, en simplifiant vos possessions matérielles, en vous débarrassant du désordre et en guérissant du passé.

Lorsque l'on part vers des rivages éloignés, il est important d'être complètement présent et de s'engager totalement. Si vous prenez la barre et éliminez les distractions, vous serez en mesure de lever l'ancre, de hisser les voiles et de vivre pleinement ce que le voyage a à vous offrir. En quittant la sécurité et le confort de votre ancienne vie, vous vous fraierez un chemin à travers vos croyances limitatives et vos peurs, et vous serez libre de prendre des risques, de vous éloigner du port sécuritaire et de vous aventurer dans l'inconnu.

Durant le voyage, vous nagerez en compagnie des dauphins, créant votre propre cocon humain — une communauté d'êtres chaleureux et dévoués. En même temps, vous développerez des relations significatives, respecterez l'unicité de chacun et choisirez de vous engager, vous découvrirez une nouvelle profondeur à votre raison d'être.

Vous développerez ainsi des relations plus étroites non seulement avec les autres, mais aussi avec vous-même, avec la nature et avec votre Source de sagesse, d'amour et d'abondance. En vous appropriant les outils pour accéder à une plus grande sagesse, vous serez en mesure d'entreprendre la route qui vous permettra de réaliser vos rêves.

Parfois vous croiserez des mers calmes et monotones, d'autres fois des mers houleuses et gigantesques. Mais pendant la tempête, si vous ne perdez pas de vue le phare et que vous faites confiance à votre but ultime, peu importe la gravité des circonstances, vous serez capable de vaincre l'adversité. En donnant du fond de votre cœur, et en éprouvant de la reconnaissance pour toutes les expériences de votre vie et pour ce qu'elles vous ont enseigné, vous arriverez à découvrir un sens plus profond à votre vie.

En vous détachant du dénouement de votre voyage, et en faisant confiance au processus, vous serez en mesure de vous abandonner, de lâcher prise et de profiter du trajet. Lorsque vous acceptez d'être là où vous êtes à tout moment donné, c'est comme naviguer sous le vent en surfant sur les vagues. Car le but du voyage, c'est de faire l'expérience de la joie.

Lorsque vous parviendrez à votre destination finale —
une vie plus significative, une vie qui correspond à vos rêves
et à vos désirs les plus profonds —, vous prendrez conscience qu'il *n'existe* pas de destination finale et vous conti-
nuerez à évoluer et à vous recréer. Par conséquent, ce qui est
vraiment important, c'est de vivre le processus et vos rêves
quotidiennement.

Vivez-vous vos rêves sur une base quotidienne ? Votre
vie vous satisfait-elle ? Avez-vous réalisé vos rêves et vos
désirs ? Sinon, ce livre vous inspirera à avancer plus loin et
à effectuer des changements positifs pour transformer votre
vie. Il vous fournira aussi les outils pratiques pour y arriver.

Pendant que vous lisez *Naviguez vers vos rêves*, je vous
encourage à prendre tout le temps nécessaire et à garder un
journal et un stylo tout près de vous pour pouvoir exprimer
vos pensées, sentiments et expériences par écrit. Ce livre
vous apportera beaucoup plus si vous participez activement
au déroulement de l'expérience et si vous pratiquez les
exercices que vous trouverez à la fin de chaque chapitre.

Je vous propose aussi des méditations guidées et des
visualisations pour vous aider à vous connecter à votre
source intérieure de sagesse, d'amour et de joie. Il serait intéressant de lire d'abord chaque méditation pour saisir son
essence, puis de la relire avant de fermer vos yeux et de
visualiser ce qui est suggéré. Pour donner plus d'intensité
à la méditation, enregistrez votre propre voix pendant
que vous lisez les mots. Parlez lentement d'un ton calme et
apaisant et arrêtez-vous fréquemment. Laissez tomber vos
attentes d'un résultat final et attardez-vous au moment présent. Chaque fois que vous méditez, votre expérience sera

différente, et plus vous méditez fréquemment, plus vos expériences seront intenses.

Alors que vous décidez d'entreprendre un voyage de transformation personnelle par la lecture de ce livre, de vous servir des outils suggérés et de vous engager à compléter les exercices et les méditations, vous acquerrez une motivation plus profonde. Votre esprit s'éveillera à la poursuite des étapes pour réinventer votre vie et suivre ce que vous dicte votre cœur. Engagez-vous à démarrer — dès aujourd'hui.

Si nous vivons tous chacune de nos journées en priorisant nos passions, notre joie et nos objectifs, non seulement transformerons-nous nos propres vies, mais nous influencerons aussi les gens qui nous entourent, créant des répercussions en chaîne dans nos communautés et dans le monde entier. Puisse ce livre devenir une expérience agréable de navigation par une journée claire et ensoleillée, avec des vents légers, des mers calmes et des dauphins jouant autour de la proue de votre bateau. Béni soit ce voyage où vous naviguerez vers vos rêves.

BÉNÉDICTION

Le voyage du cœur
Dans votre voyage du cœur
Laissez s'envoler les rêves de votre âme
Donnez-leur des ailes, permettez-leur de monter en flèche

Voguez vers l'océan de l'amour
Surfez sur les vagues de la paix
Permettez aux vents de la joie de gonfler vos voiles pendant
ce temps de découvertes

Reposez-vous sur l'île du contentement
Le centre de l'immobilité
Au milieu de la mer toujours changeante de la vie

Visitez les rives de la gratitude
Alors que vous voguez vers la destination de vos rêves…
Une révélation perpétuelle de la lumière de votre âme

PARTIE II
PRÉPAREZ VOTRE VOYAGE

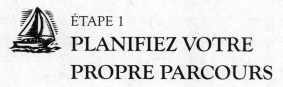 ÉTAPE 1
PLANIFIEZ VOTRE
PROPRE PARCOURS
Soyez authentique

Je vous dirai ceci dans un soupir
Quelque part dans le temps : j'étais au milieu
de la forêt, il y avait deux chemins devant moi,
j'ai pris celui qui était le moins emprunté.
Et là, ma vie a commencé.

—ROBERT FROST

*L*e 4 octobre 1998. *Nous voguons au nord de Cairns à Darwin, en Australie, près d'une parcelle de terre encore inexploitée. À mesure que nous nous éloignons de la civilisation, je peux entrer plus profondément en moi-même. Les vagues qui roulent sous le bateau parlent à mon âme. Leurs messages révèlent la vérité de ce que je suis et l'essence de ma raison de vivre. Je me sens rafraîchie, ravie et paisible. Comme un nouveau-né dans le ventre de sa mère, je suis transportée et doucement nourrie par l'océan alors que mon esprit s'éveille.*

Écoutez votre propre voix

La première étape à franchir pour donner un sens à notre vie, c'est d'entendre notre propre voix. Depuis notre plus tendre enfance, on nous a présenté des scénarios pour nous montrer comment vivre. Nos familles ont instillé en nous des croyances et des valeurs. La société nous a dicté quels rôles nous devions jouer, et les médias nous ont montré de quoi nous devrions avoir l'air et ce que nous devrions posséder. Peu d'entre nous ont été encouragés à suivre les véritables désirs de leur cœur. Souvent, notre cœur était en contradiction avec le rôle que jouait notre personnage dans le scénario.

Si vous voulez donner un sens à votre vie et réaliser vos rêves, vous devez vous débarrasser de ces scénarios, planifier votre propre parcours de vie et discerner la pertinence des voix que vous entendez. Est-ce votre voix authentique, ou celle d'une autre personne qui vous impose ses valeurs et ses idées ? Les voix de la société, des médias, de notre famille et de nos amis sont fortes, nous poussant souvent à faire la *bonne chose*. Mais si cette *bonne chose* ne correspond pas à ce que nous sommes et à nos objectifs, nous serons malheureux.

Comment pouvons-nous connaître notre vérité ? Lorsque nous suivons ce qui nous rend heureux, et que nous connaissons une satisfaction intérieure, nous vivons notre vérité. Nos corps sont de remarquables communicateurs qui nous envoient des signaux lorsque nous ne nous conformons pas à ce que nous sommes vraiment. Lorsque notre travail nous rend malheureux ou nous stresse, il se peut même que nous ayons mal à la tête ou à l'estomac. L'autre jour, je sentais de la tension dans mon front, mon cou et mes épaules ; durant ma méditation, j'ai demandé à mon corps ce qu'il essayait de me communiquer. La réponse ? J'avais pris trop d'engagements et je me sentais débordée. J'avais permis à quelqu'un de m'inciter à faire quelque chose qui n'était pas dans mon meilleur intérêt, et mon corps me disait *non*.

L'anxiété, la colère, la culpabilité, l'insatisfaction, le désespoir, l'inconfort physique ou la maladie sont des signes de non-conformité à votre vérité. Si vous ne ressentez pas de joie dans le contexte de votre vie actuelle, que ce soit par rapport à un emploi, à une relation ou à votre style de vie, il est alors temps d'entrer en vous-même et d'écouter. Suivez-vous ce que vous dicte votre cœur ? Vivez-vous en conformité avec vous-même et avec ce que vous désirez ? Ou votre vie suit-elle un cheminement préconçu où vous faites ce que vous croyez que vous *devriez* faire ?

Pour entendre votre propre voix, il est utile de connaître votre véritable nature en tant qu'être spirituel infini, tout aussi bien que comme être humain particulier avec des talents et des passions qui vous sont uniques. C'est aussi une bonne chose de connaître vos véritables désirs, sans tenir compte des attentes de votre famille et de la société. Lorsque vous apprenez à maintenir votre pouvoir personnel et à ne pas permettre aux jugements des autres de vous influencer par rapport à votre propre vérité, vous venez de franchir une étape importante du processus.

En prenant consciemment le temps de ralentir et de vous connecter profondément en vous-même pour écouter votre propre voix, vous serez en mesure de planifier un trajet authentique vers une vie plus satisfaisante et plus significative, et ce parcours se fera dans une grande joie.

Sachez qui vous êtes

La première clé de l'authenticité et de la création d'une vie que vous aimez vraiment, c'est de vous éveiller et de reconnaître qui vous êtes en tant qu'être *spirituel* magnifique connecté à tout ce qui est vie ; mais vous êtes en même temps un être humain physique avec des passions, des talents, et des dons spéciaux. Voici un exemple. Imaginez pendant un moment que vous êtes debout sur une plage au bord de l'océan. Sentez le vent qui caresse doucement votre peau et le sable doux et chaud sous vos pieds. Écoutez les vagues de l'océan qui martèlent la rive. Maintenant, imaginez votre vie comme étant l'une de ces vagues qui a voyagé une longue distance avant de venir s'écraser sur le rivage pour ensuite se retirer, à nouveau, dans l'océan ; vous voyagez la distance de la vie en atteignant un point culminant lors de l'écrasement — la mort — vous disparaissez ensuite vers l'endroit d'où vous provenez — la Source.

Maintenant, continuez à vous imaginer debout sur la rive, et observez les vagues qui roulent et se brisent. Vous remarquerez que chaque vague est unique. Aucune ne se ressemble ; leur taille et leur forme sont différentes, tout comme nos vies individuelles sont uniques et ont des objectifs particuliers. Mais, malgré notre unicité, nous sommes *toujours* connectés à notre Source — comme les vagues le sont à l'océan —, et nous faisons ainsi partie de quelque chose de bien plus grand que nous. Grâce à ce lien, nous avons accès à des ressources abondantes et à des possibilités infinies — à la même énergie vitale qui nous a créés. Nous sommes par conséquent co-créateurs de nos vies et nous avons le pouvoir, le choix et la liberté de participer au processus de création. Cela dépend de nous.

Lorsque nous nous éveillons et que nous nous souvenons de ce que nous sommes — des êtres spirituels infinis faits d'amour divin et de lumière —, nous reconnaissons notre pouvoir en tant que cocréateurs en compagnie de Dieu, et nous sommes capables d'accéder à la source d'énergie créatrice pour attirer dans nos vies ce que nous désirons vraiment. On appelle souvent cette énergie le non manifesté, le vide, ou la source d'infinies possibilités. Dans *Le pouvoir de l'intention*, Wayne Dyer lui donne le nom d'*intention*. Selon lui, il s'agit d'une énergie vibratoire à haute fréquence, et cette énergie est tout autour de nous. Lorsque nous reconnaissons notre pouvoir et que nous nous connectons à notre Source, nous essayons de faire correspondre notre énergie vibratoire avec la vibration de l'intention. À partir de là, il est possible de permettre instantanément toute manifestation. Le récit suivant en est un exemple.

Alors qu'un soir, j'étais dans un élan d'écriture, le vent soufflait à l'extérieur et les nuages passaient devant la pleine lune, déposant des résidus de jaune, d'orange et de violet. J'ai songé : *Ne serait-ce pas fantastique de voir un arc-en-ciel autour de la Lune ?* Environ dix minutes plus tard, je suis sortie et j'ai été témoin d'un miracle — un arc-en-ciel complet encerclait la Lune. Stupéfaite et remplie de gratitude, j'ai commencé à pleurer. Cette expérience m'a enseigné comment nous pouvons rapidement permettre la manifestation de nos désirs avec nos pensées, surtout quand nous sommes connectés à la Source et que nous nous trouvons dans l'énergie vibratoire de l'amour et de la joie. J'ai aussi compris que je recevais un signe que le projet sur lequel je travaillais était conforme à mon plus grand bien. L'Esprit me confirmait que j'étais sur la bonne voie.

Lorsque nous nous souvenons que nous sommes des êtres spirituels magnifiques, puissants, toujours connectés à la Source, tout en étant des êtres humains uniques, le monde s'ouvre à nous et nous prenons conscience des possibilités infinies de donner un sens à notre vie en réalisant nos rêves et nos désirs les plus profonds. Le défi consiste à continuer à nous rappeler qui nous sommes sur une base quotidienne. Une façon d'y arriver, c'est de créer une affirmation ou un mantra que vous vous répétez quotidiennement durant la prière ou la méditation, ou pendant que vous prenez une douche. Voici un exemple : « Je suis un rayonnement pur et divin qui déborde d'amour, de lumière et de joie. » Au moment où vous prononcez ces mots pour vous-même, créez l'image d'une lumière rayonnante qui jaillit de vous, se rendant très loin dans la galaxie. Ressentez votre pouvoir et prenez-en possession. C'est la vérité de la personne que vous êtes !

Exprimez vos passions

Pour atteindre la plénitude de notre être et de notre potentiel, il est nécessaire de savoir qui nous sommes en tant qu'êtres spirituels magnifiques, alors que nous exprimons notre unicité à travers nos passions — qu'aimons-nous, qu'est-ce qui fait chanter notre cœur, et qu'est-ce qui nous permet de ressentir que nous touchons Dieu. Chaque personne vit cela différemment. Lorsque nous les combinons à nos talents et à nos dons, nos passions nous mènent souvent à notre but ultime ou notre appel. Nos rêves et nos désirs les plus profonds nous fournissent aussi des indices sur ce qui nous comble, nourrit notre esprit, et nous permet d'aider à transformer le monde.

Idéalement, nos passions seront intégrées dans le travail que nous accomplissons pendant notre vie. Mais l'expression de nos passions ne se fait pas nécessairement en travaillant pour gagner de l'argent. Par exemple, peut-être vous exprimez-vous de façon créative par l'écriture, le dessin, le chant ou en jouant de la batterie. Vous aimez peut-être aider les autres dans leur processus de guérison, et vous gravitez naturellement vers des situations qui vous permettent d'aider les autres, que ce soit ou non pour en tirer un revenu. Ces avenues d'expression nous donnent l'impression d'être éveillés et vivants ; elles reflètent nos individualités.

En permettant à nos passions de s'exprimer, nous devenons des instruments, d'où vibre une musique magnifique. L'esprit peut travailler à travers nous, guider nos pas, nous indiquer le ton, le tempo et les clés de notre musique. Les détails qui nous indiquent la façon de naviguer sur le chemin vers nos rêves se révèlent d'eux-mêmes. Il nous est alors possible de nous assimiler à eux sans effort, voguant doucement sur des mers calmes, des cieux ensoleillés et des vents favorables. Le processus nous mène où nous voulons aller.

La découverte de notre identité, en ce qui concerne nos passions et nos dons, fait partie d'un autre processus. Souvent, nous faisons des choses qui nous déplaisent comme un moyen de se débarrasser de ce qui *n'est pas* plaisant. Mais finalement, ces expériences nous donnent des indices sur ce qui nous *plaît*. Par exemple, alors que je travaillais à vendre des annonces publicitaires, j'aimais vraiment la relation avec mes clients, l'autonomie de mon travail, et la création d'annonces — la partie créative —, mais je n'aimais pas la pression des heures de tombée et la sollicitation à froid. J'avais aussi l'impression qu'il me manquait quelque chose, car je voulais aider les gens à transformer leur vie de façon plus précise. Cette expérience m'a aidée à réaliser mon désir de devenir thérapeute et de travailler de façon autonome tout en m'exprimant de façon créative. Par conséquent, en lançant ma propre entreprise, j'ai trouvé le parfait exutoire pour mes passions et mes talents.

Susie, une femme de trente-cinq ans, propriétaire d'un magasin d'aliments biologiques, était enseignante depuis douze ans avant de lancer sa propre entreprise. Elle aimait enseigner, mais elle se sentait toujours épuisée; c'est pourquoi elle a cherché à faire quelque chose d'autre. «Comme enseignante, je me sentais vraiment frustrée, comme si j'étais en cage et que je suffoquais. Ma créativité voulait s'épanouir», m'a-t-elle raconté.

Par le passé, elle avait travaillé dans un vignoble au Chili, et cette expérience lui avait montré à quel point elle aimait ce qui était naturel et provenait de la terre. Elle éprouvait aussi une passion pour aider les autres à améliorer leur santé. En combinant ses passions avec ses dons d'organisation et de détermination, ouvrir sa boutique était ce qui lui convenait le mieux.

«C'est ce pour quoi j'étais destinée! C'est là où je suis censée être», s'est exclamée Susie. Son agitation est disparue ; elle travaille maintenant en conformité avec ses passions et elle apporte sa contribution sur une base quotidienne. Non seulement aide-t-elle des individus et la communauté, mais elle se voit aussi comme «une pionnière du XXIᵉ siècle». Elle m'a confié : «J'ouvre un passage pour une terre plus en santé, pour que nos enfants soient eux aussi en santé.»

Après avoir ouvert son magasin et avoir vécu plus passionnément, Susie m'a expliqué en souriant : «Ma vie vient tout juste de commencer. Je suis tellement plus heureuse et j'ai l'impression d'être une personne différente. J'ai retrouvé ma santé, mon esprit et ma raison d'être. Je me sens profondément en paix et heureuse.»

En rétrospective, elle ne s'était même pas rendu compte qu'elle était insatisfaite. «Nous devenons experts à faire semblant d'être bien, et à nous convaincre que nous allons bien», a-t-elle expliqué.

Lorsqu'on lui a demandé quel processus elle avait dû suivre pour découvrir ce qu'elle aime, elle a déclaré : «Vous devez d'abord vous aimer vous-même et savoir qui vous êtes ou d'où vous venez. Ceci suppose de vous défaire des jugements et des comportements abusifs, de même que de vous connecter à la Source. Lorsque nous nous aimons et que nous nous pardonnons à nous-mêmes, les portes commencent à s'ouvrir. L'Esprit dit : "Voici ce que tu es venu accomplir." »

Les portes ont commencé tôt à s'ouvrir pour Marguerite, une instructrice de yoga. Elle est une de ces rares personnes qui a découvert sa passion étant encore très jeune, lorsqu'elle a commencé à suivre des cours de yoga à l'âge de treize ans. Elle enseigne maintenant dans cette discipline depuis plus de seize ans. Étant donné qu'elle est rémunérée pour faire ce qu'elle adore, elle a l'impression que ce travail la comble sur tous les points. « Quel plaisir ! Je me sens inspirée de me lever le matin », m'a dit Marguerite.

Son travail promeut ses valeurs, qui sont d'engendrer la paix et la santé. Cela est un aspect important pour elle. Elle est en mesure d'aider les autres à améliorer leur santé et à se sentir plus en paix, en même temps qu'elle en fait l'expérience pour elle-même. Par le passé, lorsqu'elle travaillait pour quelqu'un d'autre dans un *emploi*, elle revenait à la maison fatiguée, comme si elle était « enchaînée à un bloc de ciment qui tombait dans le fond d'une piscine ».

Depuis qu'elle accomplit un travail qui correspond à sa passion, Marguerite est plus satisfaite — « Je souris au lieu de gémir, j'ai du plaisir au lieu de me plaindre. La vie m'apporte beaucoup plus de satisfactions, et j'ai hâte de me lever le matin. »

Lorsque nous suivons ce que nous dicte notre cœur, et exprimons nos passions dans tous les domaines de notre vie, nous donnons aux autres la permission d'agir de la même façon. Notre joie et notre bonheur débordent, créant un effet ondulatoire — comme si vous lanciez une pierre dans un lac et que les vagues atteignaient l'autre rive ; notre énergie et notre vibration atteignent des distances fort éloignées.

Sachez ce que vous voulez

Si vous craignez de vous lever le matin ou s'il vous arrive fréquemment d'être épuisé et fatigué, peut-être ne vivez-vous pas de façon authentique, en conformité avec vos passions. Peut-être n'avez-vous pas encore découvert votre *raison d'être*. Les activités suivantes vous permettront de clarifier et de découvrir vos objectifs :

- Procurez-vous un journal et commencez à écrire sur la nature de vos talents et de vos dons particuliers. Parmi les choses que vous aimez faire, quelles sont celles dans lesquelles vous excellez ?
- Écrivez sur ce qui vous passionne. Qu'êtes-vous en train de faire quand la passion vous habite ?
- Qu'est-ce qui fait chanter votre cœur ? Dressez une liste d'une centaine de choses (gens, endroits, expériences et ainsi de suite) que vous aimez. Par exemple : contempler le coucher de soleil, dormir sous les étoiles, la couleur violet, les orages, les glaces avec un fondant au chocolat.
- Dressez une liste de vingt-cinq choses qui sont vraiment importantes pour vous, que vous voulez réaliser, expérimenter, faire, avoir ou être, avant de mourir. Nommez des activités ou des événements spécifiques. Par exemple, *voyager* n'est pas aussi précis que *faire une randonnée sur l'Himalaya pendant trois semaines.*
- Procurez-vous des brochures d'éducation aux adultes ou de cours d'appoint et passez en revue les cours qui y sont offerts. Encerclez ceux qui vous intéressent et commencez à les suivre. Observez s'il y a un thème récurrent regroupant vos domaines d'intérêts et vos passions,

comme les activités de plein air, le bénévolat, l'expression artistique ou la technologie.

- Pendant une journée, accompagnez quelqu'un qui exécute un travail que vous aimeriez faire ; vous pouvez aussi passer du temps avec une personne qui effectue ce travail. Cependant, vos passions et votre raison d'être ne doivent pas nécessairement se relier à un *travail*.

- Effectuez une recherche sur des organisations qui œuvrent dans votre domaine d'intérêt et demandez à participer à une réunion ou à un événement. Bavardez avec des gens que vous y rencontrez ou interrogez-les. Par exemple, si vous souhaitez devenir psychothérapeute, recherchez des associations nationales de psychothérapie et trouvez l'endroit où se tient une réunion d'une division locale. Assistez à la réunion et faites du réseautage. N'ayez pas peur de tendre la main aux gens qui œuvrent dans votre domaine d'intérêt. Qu'avez-vous à perdre ?

- Sur une base quotidienne, tenez un journal, priez, et méditez pour obtenir des ressources, des conseils et de la clairvoyance. Demandez à l'Esprit de vous indiquer où aller et à qui parler. Attendez-vous à ce que les ressources se manifestent, et portez-y attention pour ne pas manquer les occasions qui se présentent sur votre chemin.

- Lisez des livres et des revues sur les sujets qui vous passionnent.

- Engagez un mentor spécialisé qui peut vous aider à clarifier vos rêves et vous aider à établir des buts réalistes. Pour plus d'information sur le mentorat spécialisé ou pour trouver un coach qui pourra répondre à vos besoins spécifiques, consultez sur Internet les sites consacrés au coaching

- Participez à des ateliers ou à des retraites en groupes, étant donné que les autres reflètent souvent ce que nous avons besoin de voir sur nous-mêmes.

Si vous avez toujours de la difficulté à connaître vos passions, alors examinez de quelle manière vous souhaitez vivre votre vie. Par exemple, désirez-vous plus de joie, de liberté, de paix ou d'amour dans votre vie? Peut-être êtes-vous seul et voulez-vous vous sentir plus en relation avec les autres. Ou espérez-vous être plus créatif et attirer une plus grande abondance? Prenez du temps pour écrire dans votre journal pendant plusieurs jours et voyez ce qui en émerge. Commencez la page en déclarant : «Ce que je veux le plus dans ma vie, c'est…» Déclenchez un chronomètre et écrivez sans arrêter pendant vingt minutes. Laissez parler votre cœur, laissez jaillir les mots, et ne corrigez pas ce qui se manifeste. Même si vos rêves semblent impossibles, ils peuvent être les semences de votre véritable destinée.

Une fois que vous avez une idée de ce que vous désirez, faites connaître vos intentions en créant une vision détaillée. Notez ce que vous désirez dans votre journal ou dressez une liste; exprimez-le de façon créative en créant un collage ou une œuvre artistique; visualisez votre désir comme il s'était déjà manifesté dans votre vie; verbalisez votre vision avec un ami en qui vous avez confiance; et créez un carnet de notes de projets ou un cahier que vous utiliserez pour rêver et pour développer un plan d'action sur la façon dont vous concrétiserez ce projet. Lorsque vous établissez des intentions précises, vous engagez le pouvoir de votre esprit à travailler pour vous de façon surprenante et miraculeuse. Cette méthode permet aussi à l'Univers de travailler en votre nom.

Voici quelques exemples. Environ deux mois avant de rencontrer mon mari, j'ai dressé une liste détaillée de soixante-quatre qualités que je voulais chez un partenaire. Au dos, j'ai inclus une liste de vingt points qui décrivait comment je voulais me sentir dans cette relation; par exemple, je veux être aimée, respectée, honorée et acceptée pour ce que je suis. Lorsque j'examine à nouveau cette liste, je découvre que mon mari correspond à chacune de ces qualités, et que je vis les mêmes sentiments que je souhaitais connaître.

Avant d'acheter notre voilier, nous avions fixé une photographie de notre bateau idéal sur le réfrigérateur et nous avions décoré une chambre dans notre chalet avec le thème d'un voilier. Effectivement, le bateau que nous avons acheté ressemblait énormément à celui de l'image fixée sur notre réfrigérateur.

Lorsque vous déterminez vos intentions, soyez patient et flexible, car parfois les choses ne se passent pas exactement comme on l'a planifié, mais ce peut être encore meilleur. Nous ne sommes pas toujours en mesure de prévoir la situation la plus intéressante.

Ce qui suit est un exemple d'une visualisation dont vous pouvez vous servir, durant la méditation, pour attirer ce que vous désirez dans votre vie :

Asseyez-vous confortablement sur une chaise ou croisez les jambes en vous assoyant sur un coussin sur le plancher, le dos bien droit et les mains reposant sur vos genoux. Commencez par concentrer votre attention vers l'intérieur de votre être. Observez votre respiration et voyez à ce qu'elle devienne de plus en plus profonde. Créez un flot rythmique en espaçant également chaque inspiration et chaque expiration. Lorsque vous commencez à vous détendre, notez toutes les régions de votre corps où vous ressentez de la tension ou de l'inconfort, et dirigez votre respiration vers ces endroits en permettant ainsi à la tension de s'apaiser et de se relâcher. Ensuite, notez la qualité de vos pensées. Essayez d'immobiliser votre esprit pendant que vous êtes paisiblement assis dans un état silencieux de conscience.

De ce point paisible et centré, demandez-vous : « Quels sont mes rêves et mes désirs les plus profonds ? » Faites une pause et remarquez ce qui émerge. Prenez plusieurs minutes pour observer ce qui se présente à votre esprit. Observez sans juger. Permettez à votre vision de révéler des détails, de la couleur, de la vie et du sentiment. Si plus d'une vision ou plus d'un désir émerge, choisissez l'élément ou la combinaison d'éléments où vous vous sentez le plus vivant. Si rien n'apparaît, alors demandez-vous de quelle façon vous voulez vivre votre vie. Peut-être souhaitez-vous vous sentir plus connecté ou vivre plus de passion. À quoi cela pourrait-il ressembler ?

Ressentez l'essence de votre vision comme si elle existait déjà. Imaginez-vous en train de vous sentir absolument rempli de vie et en train d'expérimenter l'amour, l'abondance et la joie de cette réalité.

Concentrez votre attention au centre de votre cœur et visualisez l'énergie de l'amour qui se déverse sur votre vision, la saturant complètement. (Vous la verrez peut-être comme une couleur.) Cette énergie, comme un aimant, attire votre vision vers vous, à l'intérieur de votre cœur. Pendant que vous remplissez votre cœur avec l'énergie de l'amour et de l'abondance, imaginez qu'elle se répand dans le reste de votre corps, à chaque organe et chaque *cellule. Respirez profondément et exprimez de la gratitude, sachant que votre plus grand bien se dirige maintenant vers vous.*

Lorsque vous sentez que vous avez accompli votre objectif, revenez lentement et doucement dans la pièce. Observez votre respiration et ouvrez doucement les yeux. Prenez le temps de noter votre expérience dans votre journal.

Maintenez votre pouvoir personnel

Lorsque nous agissons conformément à notre vérité, vivant authentiquement et passionnément, nous devenons des miroirs pour les autres. Souvent, c'est menaçant pour eux, car nous reflétons ce qui en eux n'est pas aligné avec la raison d'être de leur âme. Cela peut provoquer des jugements et des critiques. Il est important de prendre conscience qu'il n'est pas question de nous et de ne pas le prendre personnellement.

Leurs réactions peuvent aussi être causées par la peur. Par exemple, lorsque John et moi avons déménagé vers les montagnes, nous avions un revenu à temps partiel pour nous deux — mon emploi. Ayant foi en sa décision, John avait abandonné une carrière très rémunératrice dans l'industrie de la haute technologie, sans avoir d'indications concrètes sur ce qu'il ferait ensuite comme travail. Bien sûr, cette situation contredit les messages culturels sur l'importance de la stabilité et de la sécurité, et le fait que les hommes devraient être les pourvoyeurs. Mon mari luttait contre des sentiments de culpabilité. Il ressentait une pression subtile de la part des amis et de la famille, alors que leurs propres peurs se transmutaient sous forme de questions sur ce qu'il ferait comme travail. En fin de compte, il a pu se débarrasser de la culpabilité et de la pression, en prenant conscience que ces remarques n'étaient pas personnelles et qu'elles ne révélaient rien à son sujet. Il était plutôt question de l'inconfort et des peurs ressenties par les autres lorsque nous avons brisé nos chaînes pour suivre ce que nous dictait notre cœur.

Lorsque nous laissons les jugements et les critiques des autres nous atteindre, ou les conseils et les opinions influencer notre propre vérité, nous abandonnons notre pouvoir. Par exemple, tout récemment, je me sentais anxieuse. Cette anxiété s'est manifestée physiquement sous forme de fatigue, de distraction et d'un blocage de ma créativité. Alors que j'écrivais dans mon journal et que je méditais, je me suis rendu compte que mon pouvoir s'épuisait, tout comme l'énergie d'une pile en train de mourir lentement. J'avais abandonné ce pouvoir entre les mains d'une amie en qui j'avais confiance. Elle m'a recommandé de me consacrer à un projet d'écriture différent de celui sur lequel j'étais en train de travailler. Même si j'ai passé plusieurs semaines à essayer de développer un nouveau projet, rien ne me venait. Une fois que j'ai pris conscience de la situation et que je me suis réengagée dans mon projet initial, mon anxiété a disparu et j'ai retrouvé ma passion. Les intentions de mon amie étaient bonnes, mais son conseil ne correspondait pas à ma vérité propre.

L'une des raisons pour lesquelles nous abandonnons notre pouvoir, c'est que nous désirons plaire aux autres pour les contenter et être acceptés par eux. Ce modèle est particulièrement évident chez les femmes, étant donné que la société nous campe dans un rôle où nous prenons soin des autres et où les besoins des autres passent avant les nôtres. Si nous agissons ainsi par habitude, notre énergie vitale s'épuise, nos passions meurent et nos rêves ne se réalisent pas. Que ce soit avec votre partenaire, vos enfants, vos animaux de compagnie, vos amis, la famille ou les voisins, respectez-vous en établissant des limites fermes et en y tenant. En fin de compte, lorsque nous prenons soin de nous, les autres nous respectent mieux et sont plus heureux. Par exemple, si vous vous sentez vidé et que vous avez besoin d'un moment pour vous-même, énoncez clairement vos besoins et vos désirs à votre famille. Prenez une journée pour vous-même, pour suivre ce que vous dicte votre coeur et faire une activité que vous aimez, ou enfermez-vous dans la salle de bain avec une affiche *Ne pas déranger* et prenez un bain chaud et relaxant. Si d'autres essaient d'empiéter sur votre espace vital, alors dites non avec fermeté, mais aussi avec amour. Comme résultat, vous disposerez de plus d'énergie pour être pleinement présent avec votre famille et vos amis lorsque vous êtes prêt à passer du temps avec eux.

Dans quel domaine de votre vie abandonnez-vous votre pouvoir ? Suivez-vous des conseils qui ne sont pas conformes à ce que vous êtes vraiment ? Permettez-vous au jugement de quelqu'un d'autre de vous troubler et d'influencer vos décisions ? Ou donnez-vous la permission aux autres de vous contrôler et de franchir vos limites ? Pour reprendre votre pouvoir, vous serez peut-être obligé de parler honnêtement avec la personne qui vous donne un conseil, vous critique ou tente de vous manipuler. Vous pouvez aussi essayer les affirmations positives notées ou prononcées à voix haute au sujet de votre vérité. Ou peut-être vous suffit-il de passer aux actes, comme je l'ai fait lorsque je me suis de nouveau engagée dans mon projet d'écriture. À certains moments, il peut être difficile de décider s'il vaut la peine de dépenser notre énergie vitale pour nous défendre, ou s'il vaut mieux simplement lâcher prise. Donc, écoutez votre intuition et suivez toujours votre propre vérité. Lorsque nous choisissons de vivre authentiquement et passionnément, en déterminant notre *propre* trajectoire vers une vie remplie de sens, notre santé mentale, émotionnelle et physique s'améliore, notre perspective devient plus positive et nous sommes remplis de joie, sachant que nous vivons conformément avec ce que nous sommes.

Exercices

1. Asseyez-vous, fermez les yeux, prenez quelques respirations profondes et écoutez votre corps. Si vous ressentez de la tension ou de l'inconfort, demandez-vous : « Y a-t-il une leçon à tirer ? Suis-je aligné sur ma vérité profonde ? Que dois-je faire différemment ? » Parfois les réponses s'offrent à vous : vous pouvez les voir dans une vision, les entendre pendant que vous méditez, ou pendant que vous clarifiez des choses en écrivant votre journal. À d'autres occasions, vous devrez être patient, et permettre aux réponses de se révéler.

2. Créer un mandala qui illustre la façon dont vous vous voyez en tant qu'être spirituel magnifique. Dessinez un grand cercle sur un carton blanc. Dans le cercle, peignez, dessinez ou coloriez une image qui vous représente en tant qu'être puissant et rempli de lumière. Placez ce dessin à un endroit où vous pouvez le voir quotidiennement.

3. Décrivez ce que vous feriez de votre vie s'il ne vous restait que six mois à vivre. (L'argent n'est pas un problème, et vous serez en parfaite santé jusqu'à la fin.) Y a-t-il quelque chose dans votre vie que vous regretteriez

si vous mouriez demain, quelque chose que vous n'avez pas réalisé ? Expliquez.

4. Créez un «cahier de visions» pour votre vie. Dressez la liste de cinq à sept domaines d'importance ; inscrivez-les séparément en haut d'une page vierge, comme «Relations», «Carrière», «Santé», «Finances» et ainsi de suite. (Vous pouvez les séparer avec des onglets.) Décrivez vos visions en détail pour chaque domaine. Permettez-vous de rêver grand et de sortir des sentiers battus. L'Univers ne connaît pas de limites ! Assurez-vous de dater vos entrées et de mettre votre cahier à jour au moins une fois par année.

5. Écrivez sans vous arrêter, pendant dix minutes, sur ce qui vous dérobe votre joie et votre passion. De quelle façon abandonnez-vous votre pouvoir ? Expliquez. Créez une affirmation positive pour établir votre vérité, et prononcez-la à voix haute après l'avoir écrite sur une fiche. Placez ensuite la fiche à un endroit où vous pouvez la voir. Chaque jour, lisez votre affirmation jusqu'à ce que vous sentiez votre joie, votre passion et votre pouvoir revenir.

Méditation guidée

Cette méditation est conçue pour vous aider à ressentir et à posséder votre particularité comme être humain unique et votre grandeur comme être spirituel puissant et magnifique. (Note : Cette méditation a été inspirée du livre de Sharon McErlane, *A Call to Power: The Grandmothers Speak; Finding Balance in a Chaotic World.*)

Asseyez-vous confortablement sur une chaise ou croisez les jambes en vous assoyant sur un coussin sur le plancher, le dos bien droit et les mains reposant sur vos genoux. Commencez à concentrer votre attention vers l'intérieur de votre être. Observez votre respiration et voyez à ce qu'elle devienne de plus en plus profonde. Créez un flot rythmique en espaçant également chaque inspiration et chaque expiration. Lorsque vous commencez à vous détendre, notez toutes les régions de votre corps où vous ressentez de la tension ou de l'inconfort, et dirigez votre respiration vers ces endroits en permettant ainsi à la tension de s'apaiser et de se relâcher. Ensuite, notez la qualité de vos pensées. Essayez d'immobiliser votre esprit pendant que vous êtes paisiblement assis dans un état silencieux de conscience.

Prenez un moment pour honorer et reconnaître qui vous êtes comme être humain unique avec des passions, talents et désirs spéciaux. Vous possédez un destin unique, que personne d'autre ne peut accomplir. La combinaison de vos dons, de vos talents et de vos passions, fait de vous un être à qui personne au monde ne ressemble, et à qui personne ne ressemblera jamais. Vous êtes tellement spécial. Permettez-vous de ressentir en votre for intérieur cet aspect spécial qui vous définit. Vous êtes tellement aimé.

Maintenant, imaginez que vous êtes un être spirituel infini fait de lumière radiante. Imaginez votre rayonnement, votre essence se déversant à partir de vos pieds et s'enfonçant profondément dans la terre, vous ancrant et vous stabilisant. Prenez un moment pour ressentir votre lien puissant à la terre. Cette lumière radiante, qui se trouve en votre être, s'étend aussi en haut vers le ciel. Imaginez cette radiance atteignant des distances encore plus éloignées, vers les étoiles, s'étendant dans l'Univers. Son atteinte ne connaît aucune limite. Vous êtes une énorme colonne verticale de lumière s'étendant à travers la terre et vers les cieux. Maintenant, imaginez le pouvoir et la lumière qui se déversent aussi par vos côtés en rejoignant l'horizon, plus loin que vos yeux ne peuvent voir. Ce pouvoir et cette lumière se déversent aussi à partir de votre poitrine et de la région du dos, allant au-delà de l'horizon, dans l'infini. Une lumière radiante émerge de vous dans six directions différentes. Vous êtes le centre d'une vaste sphère de lumière, en expansion et puissante, sans limites. C'est la vérité de ce que vous êtes. Prenez quelques moments pour vivre cet état d'expansion et pour l'enregistrer dans votre être. Permettez à cette reconnaissance de la personne que vous êtes vraiment d'imprégner chaque cellule de votre corps. Comment vous sentez-vous ? Détendez-vous et appréciez ce que vous venez de vivre.

Lorsque vous aurez l'impression d'avoir complété l'expérience, revenez lentement et doucement dans la pièce et ouvrez les yeux. Notez votre expérience et toutes les nouvelles pensées qui ont émergé en vous. Faites l'essai de cette méditation lorsque vous avez besoin d'un regain d'énergie.

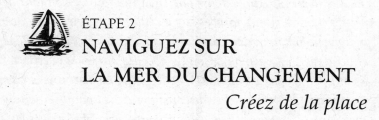

ÉTAPE 2
NAVIGUEZ SUR
LA MER DU CHANGEMENT
Créez de la place

Nous empoisonnons notre vie par les détails…
Simplifions, simplifions, simplifions!…
Simplifions la vie et élevons nos objectifs.

— HENRY DAVID THOREAU

Le 16 juillet 1998. *Nous avons jeté l'ancre à l'île de Waya, dans les îles Fiji. Après avoir fait de la randonnée pendant deux heures, nous sommes tombés sur un village d'environ deux cents indigènes. Habitant dans des huttes, vivant des produits de la terre et de la mer, en harmonie les uns avec les autres et avec la terre, ils ont peu de possessions matérielles et ils mènent une existence très simple. J'ai été touchée de constater à quel point ils sont heureux, aimants et spirituels, de voir leurs yeux étincelants et leur sourire irradiant d'amour et de bonté.*

Laisser tomber l'ancien

Nous sommes venus au monde pour être des créateurs, pour nous permettre de nous envoler vers nos passions et pour permettre à notre force vitale de créer en abondance. L'énergie de nos créations se recycle ensuite pour se renouveler. Comme pour les quatre saisons — printemps, été, automne et hiver —, il s'agit d'un processus continu. Par conséquent, il est impératif de nous départir de l'ancien pour faire place au nouveau. Il faut, par exemple, tailler les branches mortes d'un arbre pour qu'une nouvelle vie puisse s'épanouir. Nous devons aussi tailler les branches mortes de notre vie pour pouvoir avancer et connaître encore plus de joie, de paix et de satisfaction.

On peut trouver des branches mortes sous forme de relations toxiques (celles qui nous blessent ou nous épuisent), d'emplois qui ne nous satisfont pas, d'objets matériels que nous n'utilisons plus ou que nous n'aimons plus, qui encombrent nos maisons et nos bureaux, ou un bagage émotionnel du passé. Lorsque nous nous accrochons à des choses comme le désordre, des relations destructrices ou des emplois insatisfaisants, notre énergie créatrice stagne. En libérant ce qui ne sert plus notre bien supérieur, nous créons un nouvel espace pour des relations nouvelles et plus saines, et pour des expériences positives.

Chaque fois que nous créons de la place en nous défaisant de l'ancien, nous vivons un changement, et même si ce changement s'effectue dans le but de résultats positifs, il peut être stressant de naviguer sur la mer du changement. Par exemple, lorsque John et moi nous préparions à quitter Seattle, les nombreux détails qu'impliquaient nos projets nous causaient énormément d'anxiété. Par conséquent, nous tenions des réunions hebdomadaires pour passer à travers notre liste de choses à faire et pour répartir les tâches entre nous : se procurer une assurance maladie et des billets d'avion, effectuer nos paiements de voiture, louer de l'entreposage, trouver des locataires pour notre maison et un foyer d'accueil pour nos animaux de compagnie, et ainsi de suite.

Le changement peut aussi engendrer de la peur. Lorsque nous quittons la zone de confort de notre vie — que ce soit une relation, un emploi ou une maison —, et que nous ignorons à quoi nous attendre, l'anxiété entre en action. Nous craignons l'inconnu. Dans l'excitation de la planification de notre aventure, un gros point d'interrogation se posait par rapport à notre avenir. *Où habiterons-nous à notre retour ? Quel type d'emploi occuperons-nous ? Aurons-nous suffisamment d'argent ? Serons-nous heureux ?* À certains moments, la peur frappait comme un raz-de-marée, et nos nuits de sommeil étaient agitées.

Le lâcher-prise suppose souvent une période de deuil, et il est parfois nécessaire de nous défaire de choses que nous *aimons* afin de faire place à ce que nous *désirons vraiment.* Lorsque nous disions au revoir aux amis et à la famille, des larmes de tristesse coulaient sur mes joues, sachant que nous ne vivrions probablement plus jamais dans la même ville. C'était particulièrement difficile de laisser nos animaux de compagnie chez un ami — il m'est arrivé plusieurs fois d'avoir le cœur brisé en pensant à eux, ils me manquaient. Je devais aussi faire le deuil de quitter notre bien-aimée maison; même si la chose est devenue plus facile une fois vidée de toutes nos possessions. Elle n'était plus qu'une coquille vide.

Pendant que je me préparais à partir, j'ai aussi évalué mes amitiés et décidé de laisser tomber celles qui ne me soutenaient pas, ne me permettaient pas de grandir, et n'étaient pas positives. À mesure que je renonçais à ce qui ne fonctionnait pas, mon âme a commencé à s'éveiller — la passion était plus vivante que jamais. Une fontaine spirituelle d'énergie et de dynamisme tourbillonnait à l'intérieur de moi.

Dans son livre *Dire oui au changement*, Joan Borysenko a écrit : « Dire oui au changement est une invitation à la foi — non pas celle qui repose sur la doctrine —, mais celle qui s'enracine dans la confiance en nos expériences intérieures au moment même où elles sont produites. » Pendant que vous naviguez sur la mer du changement, faites confiance à vos expériences intérieures, suivez votre passion et votre joie au moment où vous prenez des décisions, et reconnaissez les sentiments de peur et de tristesse que vous devez traverser. Ainsi, vous vous déplacerez librement dans le prochain chapitre de votre vie, créant de la place pour recevoir les présents abondants qui vous attendent.

Priorisez *votre force vitale*

Notre force vitale se compose des aspects physiques, émotionnels et spirituels de notre être, qui se mobilisent pour nous aider à réaliser notre but précis. Durant notre vie, une certaine quantité de force vitale nous est attribuée. Il est donc important de prioriser notre façon de la dépenser selon ce que nous sommes, suivant nos rêves et nos désirs les plus profonds, de même que ce qui est vraiment important pour nous — nos valeurs —, et notre but ultime.

En déterminant comment vous vous sentez, vous pourrez discerner si vous dépensez votre énergie vitale vers le meilleur objectif possible. Ressentez-vous plus de joie, d'amour, de paix ou de passion lorsque vous investissez votre énergie ? Ou vous sentez-vous épuisé — physiquement, émotionnellement et spirituellement ? Par exemple, lorsque vous vous rendez au travail, avez-vous l'impression de faire le plein d'énergie par la façon dont vous investissez votre temps ? Êtes-vous satisfait à la fin de la journée ? Ou vous sentez-vous éreinté, stressé et épuisé sur le plan émotionnel ?

Depuis que j'ai simplifié mon style de vie, j'ai besoin de beaucoup moins pour être heureuse et j'éprouve plus de contentement à *être* sans ressentir le besoin de remplir mes temps libres par des occupations, ou ma vie par plus de gadgets et de jouets. Je passe aussi moins de temps à m'inquiéter de mon apparence. Après des années à teindre mes cheveux pour cacher le gris, j'ai pris un risque et j'ai fait couper mes cheveux courts pour permettre à la couleur naturelle de mes cheveux de pousser. J'étais fatiguée de dépenser temps, énergie et argent à résister à un phénomène naturel, à quelque chose d'authentique. Je voulais plutôt consacrer mes ressources à quelque chose de positif. Il s'est avéré que j'aime la couleur naturelle de mes cheveux argentés. Et c'est beaucoup plus simple. J'ai risqué de m'opposer au message de la société qui dit qu'il est important de paraître jeune et que les cheveux gris sont un signe de vieillissement, ce qui revient à dire que c'est négatif. Comme résultat, ce simple changement dans ma vie a permis de libérer de la force vitale que j'ai pu investir dans d'autres domaines qui sont plus importants pour moi. Le risque en valait la peine.

Alors que je lançais mon entreprise, j'ai dû refuser plusieurs invitations mondaines afin de pouvoir concentrer mon énergie et permettre à mon entreprise de prendre de l'essor. J'avais toujours eu tendance à trop en faire — à mener trop de choses de front. Lorsque nous dispersons notre énergie, non seulement nous épuisons-nous, mais nous avons probablement moins de chances de réussir ou d'apprécier nos réalisations.

De plus, nous devons faire attention à ce en quoi nous nous engageons, car en nous éparpillant trop — promesses non tenues, affaires ou projets non terminés, retards à des rendez-vous, appels téléphoniques non retournés, affaires remises à plus tard —, notre esprit se remplit de distractions, et cela épuise notre force vitale et nous cause un stress inutile. Notre estime de soi en prend aussi un coup, alors que nous nous sentons mal ou coupable de ne pas tenir nos promesses. Lorsque vous vous engagez envers une autre personne ou envers vous-même, allez jusqu'au bout, car vous obtiendrez ainsi un sentiment d'accomplissement et vous pourrez utiliser votre énergie pour d'autres priorités. Ou bien, si vous prenez conscience que vous avez pris trop d'engagements, rétractez-vous poliment. Par exemple, si vous avez accepté une invitation à dîner et que vous vous rendez compte plus tard que vous êtes trop fatigué pour y aller et vous amuser, alors dites-le à la personne qui vous a invité. Soyez honnête et respectez vos sentiments. Au départ, l'autre personne se sentira déçue, mais en fin de compte, tous ceux qui sont concernés profiteront de votre honnêteté et de l'exemple que vous donnez d'une personne qui prend soin d'elle.

Prenez le temps de réorganiser vos priorités par rapport à la façon dont vous dépensez votre force vitale. D'abord, notez vos valeurs. Par exemple, il peut être valorisant pour vous de passer du temps de qualité avec votre famille et vos amis, de vivre une vie équilibrée, d'être en santé ou d'utiliser votre plein potentiel au travail. Vos valeurs sont personnelles et sont profondément enracinées en vous, donc entrez en vous-même et écoutez. Tenez un journal si vous avez besoin de clarifier les choses.

Dressez une liste de vos rêves et désirs les plus profonds. Puis, demandez-vous : « Est-ce que je dépense mon énergie en conformité avec mes valeurs et mes désirs ? Autrement, à quoi puis-je dire non, ou qu'est-ce que je peux laisser tomber, de manière à créer plus de place pour vivre une vie plus significative ? » Par exemple, si votre santé se trouve au sommet de votre liste des valeurs et que vous souhaitez avoir plus d'énergie, mais que vous consacrez peu de temps à prendre soin de vous-même, il vous faudra trouver des moyens de couper sur d'autres priorités moins importantes pour faire place à des activités de soins personnels, comme faire de l'exercice et préparer des aliments sains. Afin d'effectuer ces changements, il vous faudra clarifier où vous dépensez votre temps, tenez donc un registre quotidien pendant une semaine. Faites un tableau de vos activités et du temps que vous y consacrez. Par exemple, combien d'heures ou de minutes passez-vous à dormir, manger, vous vêtir, prendre votre bain, travailler, faire de l'exercice, parler à des amis et ainsi de suite.

Après avoir clarifié vos priorités, et votre façon d'utiliser votre temps, commencez à faire de petits changements en utilisant votre force vitale sur ce qui est vraiment important pour vous. Remarquez alors à quel point votre vitalité augmente.

Choisissez des relations positives

Lorsque vous déterminez où vous dépenserez votre énergie et quelles activités vous prioriserez, il est nécessaire d'examiner vos relations. Il est important de vous entourer de gens qui soutiennent à 100 pour cent la personne que vous êtes et qui vous fournissent de l'énergie positive plutôt que d'épuiser la vôtre. Par exemple, par leur seule essence, les arbres nourrissent et soutiennent la vie. Ils dégagent de l'oxygène, nous permettant de respirer, et procurent de la nourriture et un abri aux oiseaux, aux écureuils, à d'autres animaux et aux insectes. Même lorsqu'il est mort, un arbre entretient la vie et fournit abri et nourriture. Nous ressemblons aux arbres, en ce sens que nous avons le pouvoir d'influencer positivement les personnes qui nous entourent. Mais, contrairement aux arbres, il se peut aussi que nous ayons un impact négatif — au lieu d'améliorer la vie autour de nous, notre énergie peut l'épuiser. En nous appliquant à vivre une vie authentique et remplie de sens, nous devons examiner nos relations. Améliorent-elles notre vie — nous fournissant de l'oxygène pour respirer comme le font les arbres — ou épuisent-elles notre énergie vitale ?

Lorsque nous décidons d'entretenir des relations positives, il nous faut parfois nous départir de celles qui sont malsaines, ou prendre une distance par rapport à elles. Vos relations, celles qui sont positives autant que celles qui sont malsaines, incluent toute personne avec laquelle vous êtes en contact régulièrement, comme les collègues de travail, les amis, la famille, les voisins et les partenaires amoureux. Un exemple de relation épuisante, c'est lorsqu'une personne parle trop, ne permettant pas à l'autre de s'exprimer. Juger, critiquer, blâmer et se plaindre sont aussi des comportements qui sapent l'énergie et dont il faut se méfier. Dans une relation, l'honnêteté, la patience, la compassion, l'acceptation et la compréhension sont des qualités saines. Une relation positive est mutuellement profitable, nous émancipant et permettant à chaque personne d'aller de l'avant.

Une fois que vous avez déterminé qu'une relation est négative, il peut être difficile d'imaginer comment vous pourrez y mettre fin. Écrire une lettre ou exprimer vos sentiments dans une conversation face à face sont les méthodes les plus honnêtes et les plus directes. Lorsque nous utilisons cette approche, il est important de démontrer de la compassion, tout comme il est important d'utiliser le «je» lorsque vous décrivez vos pensées et vos sentiments, au lieu de blâmer l'autre personne. Par exemple, vous pourriez dire : « Je me sens épuisé lorsque tu te plains de ton travail » plutôt que de dire « Tu m'épuises. » Cette approche honnête permet à l'autre personne d'effectuer des changements pour rectifier la relation ou pour améliorer ses relations futures. Une approche plus subtile consiste à prendre progressivement des distances en refusant des invitations ou en appelant moins fréquemment. Si la relation ne fonctionne plus pour vous, il se peut qu'elle soit aussi malsaine pour l'autre personne, vous profitez donc tous les deux de prendre cette distance et de passer à autre chose.

Denise, une femme célibataire de quarante-quatre ans qui travaille dans la restauration, a déménagé de San Diego pour aller vivre à Big Bear espérant y trouver une vie plus tranquille. Elle a décidé que l'occasion était parfaite pour évaluer ses amitiés et se défaire de celles qui l'épuisaient. Elle a commencé à remarquer comment elle se sentait à proximité de certaines personnes ou après avoir terminé une conversation téléphonique avec quelqu'un. Petit à petit, elle s'est éloignée des gens qui sapaient son énergie, refusant les invitations à caractère social et prenant elle-même ses distances.

Denise a expliqué : «Je me suis libérée des drames des gens. Les gens ne me téléphonent plus pour me raconter leurs drames. Comme résultat, je dispose maintenant d'une somme énorme de temps et d'énergie.»

Elle a aussi raconté que le processus nécessaire pour se défaire des relations malsaines peut être long et douloureux. «Vous devez vous sentir à l'aise en étant seul, car lorsque vous vous éloignez des gens, il se crée un vide. Vous devez analyser qu'avec le temps, vous comprendrez la nécessité de cette séparation. Cela ne signifie pas que la personne est mauvaise ou que vous êtes une mauvaise personne, alors ne les jugez et ne les blâmez pas. Elles ne vous conviennent tout simplement pas — comme dans le cas des vêtements, il arrive parfois que des personnes ne nous conviennent plus ; il faut alors s'en séparer.»

Denise a continué en expliquant : «En fin de compte, quand vous faites ce qui est le mieux pour vous, c'est aussi le mieux pour l'autre personne.»

Prenez le temps d'évaluer vos relations. Y a-t-il des gens dans votre vie qui épuisent votre énergie? Si oui, examinez ce que cela vous coûte de demeurer dans cette relation par rapport aux bénéfices obtenus en la discontinuant. Il est possible que l'autre personne passe par un moment difficile, et en tant qu'ami, la meilleure chose à faire est de tenir bon et de soutenir cette personne. Si le problème est récurrent, vos personnalités sont peut-être incompatibles. Ou bien vous vous êtes tout simplement détaché de la relation. Quelle que soit la cause, déterminez s'il est temps de la laisser aller.

Tandis que vous naviguez vers la vie de vos rêves, passez du temps avec les gens qui vous acceptent et qui vous aiment pour ce que vous êtes, des gens avec qui vous vous sentez rempli d'énergie. En choisissant des relations positives, vous préparez une fondation solide pour votre voyage.

Simplifiez les possessions matérielles

Plus nous compliquons notre vie avec des *objets*, plus nous nous distrayons de ce qui est vraiment important, tel que conserver notre santé, passer du temps de qualité avec notre famille et nos amis, nous exprimer de façon créative, et mettre nos talents à contribution. Examinez vos valeurs fondamentales telles que vous les avez identifiées dans la section précédente. Qu'est-ce qui est vraiment important pour vous? Où voulez-vous consacrer votre énergie vitale? Quand vous achetez quelque chose, demandez-vous : «Est-ce que cet *objet* vaut les nombreuses heures qu'il me faut travailler pour le payer et pour en prendre soin ? La joie de l'acquisition dépasse-t-elle les coûts sur les plans énergétique et financier ? » Il faut trouver un équilibre entre l'acquisition de possessions matérielles que nous apprécierons et la simplification de nos vies en minimisant leur fardeau. Par exemple, des articles de grande qualité, que nous aimons et qui dégagent une bonne énergie nous influencent positivement. Il peut donc valoir la peine de dépenser plus d'argent pour un article de qualité supérieure. Lorsque vous aurez clarifié vos valeurs et vos priorités, vous saurez où se situe cet équilibre.

Nous dépensons une quantité importante de notre précieuse énergie, sur nos maisons. Les statistiques révèlent que depuis 1950, la maison standard a augmenté de 116 m² aux États-Unis. En même temps, il y a une personne de moins par maisonnée moyenne. Plus notre maison est grande, plus nous devons consacrer de temps, d'énergie et d'argent à l'entretenir, la nettoyer, la chauffer et la décorer. Sans compter les meubles pour remplir l'espace supplémentaire. De plus, même si une maison plus grande procure plus d'espace privé, l'unité en est diminuée par le fait même, puisque les membres de la famille sont plus éparpillés. Vous devez payer avec votre énergie vitale pour cet espace supplémentaire. Est-ce que cela en vaut la peine ? De combien d'espace avez-vous vraiment besoin ?

En vivant sur un bateau pendant six mois, mon mari et moi nous sommes rapidement adaptés au fait de vivre dans un espace plus restreint, et nous avons découvert qu'il nous restait plus de temps et d'énergie pour des activités qui améliorent la vie ; comme la création de liens entre les gens et la nature, explorer les pays que nous visitons, lire et écrire. Après notre retour, nous avons habité un bungalow d'une seule chambre, près de la plage, pendant deux ans, et il nous semblait grand à comparer au bateau. Tout est une question de perspective.

Un autre domaine où nous consacrons une quantité extraordinaire de nos ressources, ce sont nos véhicules. Le coût de l'entretien, de l'essence, de l'assurance et de l'enregistrement est très élevé quand vous songez au nombre d'heures de travail nécessaires pour payer tout cela. Peut-être serait-ce une bonne idée de vous arrêter et de faire des calculs. Que pensez-vous de faire du covoiturage, d'utiliser les transports en commun, ou de prendre votre vélo pour aller au travail ? Vous pourriez éliminer une de vos voitures familiales. En faisant la navette avec votre partenaire, vous pourriez passer plus de temps de qualité ensemble. Tout comme une plus petite maison favorise l'intimité, la même chose se produit quand on partage une voiture. Cela vous force à communiquer vos besoins et à planifier votre temps selon vos valeurs et vos priorités. De plus, songez à l'effet que cela aurait sur l'environnement si nous agissions tous ainsi !

Plusieurs mois après avoir quitté Seattle, John et moi avons vendu l'un de nos véhicules et nous avons fait du covoiturage pour nous rendre au travail. En partageant une voiture, nous avons passé plus de temps de qualité ensemble et nous avons trouvé la solution très satisfaisante. Au retour de notre voyage, nous avons à nouveau partagé une voiture. Nous avons intentionnellement trouvé un appartement près d'un arrêt d'autobus pour que John puisse se rendre au travail en vélo ou en autobus. L'argent épargné en essence, entretien, enregistrement et assurances valait bien les quelques inconvénients encourus.

Les médias nous conditionnent à croire en plus gros, plus neuf, plus rapide et plus efficace ; par conséquent, nous dépensons des ressources valables sur des objets dont nous n'avons pas vraiment besoin, ou que nous ne désirons pas vraiment, simplement pour faire aussi bien que le voisin. Il n'y a rien de mal à posséder de jolies choses et à les apprécier, mais il est important d'en évaluer le coût en fonction de votre énergie vitale.

Éliminez l'endettement par les cartes de crédit

L'endettement consume notre pays et nous vole notre liberté, notre créativité et notre passion. Nous consacrons notre énergie vitale à payer nos dettes : nous ne nous servons plus des articles achetés, mais nous continuons à les rembourser, et nous payons plus que le montant de la dette initiale, puisqu'il a fallu ajouter les intérêts. C'est un comportement qui n'est pas sensé, et pourtant notre société le considère comme normal. D'après le Federal Reserve Survey of Consumer Finances de 2004, 46,2 pour cent des familles américaines conservent un solde impayé sur leurs cartes de crédit. En 2004, le solde moyen était de 5 100 $, une augmentation de 15,9 pour cent par rapport à 2001. Pour empirer les choses, les médias poussent les jeunes générations à acheter des choses *maintenant* pour bien paraître ou être populaires, au lieu d'épargner pour les obtenir. Et il est plus facile que jamais d'obtenir une carte de crédit.

Dans notre culture centrée sur la consommation, il est courant de ne jamais nous sentir satisfaits de ce que nous possédons et d'en vouloir toujours plus ; c'est la principale raison de notre endettement par les cartes de crédit. Nous ne faisons que perpétuer notre comportement obsessif qui nous pousse à trop travailler pour payer ce pour quoi nous avons trop dépensé. Comme résultat, nous nous sentons insatisfaits et stressés. Comme nous nous sentons déconnectés de nous-mêmes, nous tentons de remplir le vide en dépensant trop, créant ainsi un cercle vicieux.

Au milieu de la vingtaine, j'ai compris ce que cela signifiait que d'avoir des cartes de crédit et aucune épargne. J'avais l'impression d'être paralysée, je me sentais accablée et honteuse. En conséquence, j'ai décidé de me joindre à un groupe des douze étapes de Débiteurs Anonymes ; ils m'ont aidée à comprendre mes habitudes de dépenses et les raisons pour lesquelles je dépensais trop. J'ai donc coupé mes cartes de crédit et je me suis juré de ne jamais plus me retrouver dans une telle situation. Actuellement, notre seule dette est l'hypothèque. Même notre voiture est payée. Comme résultat, la vie est plus simple et il nous reste plus d'énergie pour poursuivre nos rêves et nos passions.

Prenez le temps d'examiner vos habitudes de dépenses. Dépensez-vous trop pour faire aussi bien que le voisin ou pour remplir un vide émotionnel ou spirituel ? Si c'est le cas, songez à obtenir de l'aide et à vous joindre à un groupe de soutien comme les Débiteurs Anonymes ou consultez un service de conseil de crédit ou de consolidation de dettes. Chaque jour, consacrez du temps à exprimer votre gratitude au sujet de ce que vous possédez déjà. Et souvenez-vous : la véritable richesse ne peut se mesurer que par la qualité de notre vie, non par la quantité de choses que nous possédons.

En éliminant l'endettement par cartes de crédit, et en exprimant votre gratitude pour ce que vous possédez dans votre vie, vous serez plus libre, plus en paix et plus joyeux.

Nettoyez votre désordre

L'énergie doit circuler et se déplacer, sinon elle stagne. Le désordre en est un bon exemple : lorsque les choses s'empilent — comme négliger d'ouvrir son courrier ou consulter sa messagerie —, le flot de l'énergie est bloqué. Il est important de nous départir des objets anciens ou inutilisés qui se trouvent dans nos placards, bureaux, étagères, ordinateurs, tiroirs et voitures. Lorsque nous déterminons ce dont nous devons nous séparer, souvenons-nous que les objets matériels ont une énergie vibratoire ; entourez-vous donc d'objets que vous aimez et qui reflètent à la fois votre style et vos goûts personnels. Débarrassez-vous de tout le reste. Recyclez les revues non lues ; faites don des livres qui ne vous intéressent plus et des vêtements qui ne vous font plus. Passez à travers toute votre maison — chaque tiroir, chaque placard, chaque coin et recoin — au moins une fois par année. Si vous n'avez pas utilisé ou porté quelque chose depuis un an, il est alors probable que vous ne vous en servirez plus ; faites-lui donc vos adieux.

Lorsque John et moi avons déménagé à Big Bear, nous sommes passés d'une maison à un chalet de 112 mètres carrés. Par conséquent, nous nous sommes débarrassés de beaucoup de choses, comme de vieilles photographies, une pièce de cristal que nous avions reçue en cadeau de mariage et dont nous ne nous étions jamais servis, et des meubles usagés qui ne correspondaient pas à notre style. Comme résultat, lorsque j'ai dû évacuer notre maison à cause du Old

Fire* de l'automne 2003, l'opération en été grandement facilitée. (John était en dehors de la ville à ce moment.)

En faisant mes bagages, je me suis ouvert les yeux : toutes nos précieuses possessions, incluant un gros chien et deux chats, entraient dans une Honda Accord à quatre portes. Tout le reste pouvait facilement être remplacé. Ainsi, une heure après qu'on ait annoncé l'évacuation obligatoire, j'étais sortie de ma maison, et mon trajet hors de la montagne a pris environ quarante-cinq minutes. Plus tard, j'ai entendu des histoires de personnes coincées dans un bouchon de circulation pendant aussi longtemps que cinq heures.

En quittant ma maison et en prenant la route pour me rendre à un endroit sécuritaire, la tristesse m'a envahie; je prenais conscience que je ne reverrais plus jamais notre maison. D'un autre côté, c'était libérateur de savoir que tout ce qui était *vraiment* important pour moi était en sécurité, et que je possédais tout ce qu'il me fallait pour recommencer à neuf.

Cindy, une femme de cinquante ans, thérapeute en santé holistique, aime aider les autres à simplifier leur maison et leur vie. Elle s'est sentie libérée lorsqu'elle est déménagée de l'Ohio vers la Californie avec toutes ses possessions matérielles dans une camionnette. « Je me sens bien, cela me permet de me sentir plus légère », s'est-elle exclamée.

Après avoir obtenu son divorce et quitté sa maison, qu'elle avait depuis plusieurs années, elle m'a confié : « Je ne suis plus attachée aux choses matérielles. » Elle ne possède que quelques meubles et elle est plus heureuse que jamais. « J'aime ma vie en ce moment », a dit Cindy en souriant.

Lorsqu'elle rencontre des clients pour les aider à simplifier le désordre dans leur vie, Cindy leur demande : « Que

*N.d.T. : Feu de forêt qui a embrasé une partie de la Californie.

pensez-vous de cet objet ? L'aimez-vous ? A-t-il une valeur sentimentale ? Comment vous sentez-vous par rapport à cet objet ? » Cindy les encourage à ne conserver que ce qu'ils aiment vraiment, ce qui est sentimental pour eux et ce qui les fait se sentir bien.

Prenez le temps de passer à travers tous les articles de votre maison et de vous poser les questions précédentes. Faites semblant que vous déménagez dans un mois, et débarrassez-vous de tout ce que vous ne voulez pas apporter — des objets qui ont une ancienne énergie, que vous n'aimez pas ou qui sont inutiles. Si cette opération vous crée de la difficulté, peut-être y a-t-il des problèmes émotionnels sous-jacents qui vous empêchent de vraiment lâcher prise. Songez à demander l'aide d'un thérapeute pour traiter et résoudre ces problèmes afin que vous puissiez avancer dans la liberté et la joie.

En simplifiant le désordre dans votre vie, vous augmentez le flot d'énergie dans votre maison et vous créez plus de place pour que se manifestent les désirs de votre coeur.

Libérez le passé

Le désordre de nos vies ne fait qu'enliser notre énergie et nous distraire de ce qui est vraiment important. C'est aussi vrai pour notre passé — lorsque nous vivons des problèmes émotionnels qui découlent de nos blessures passées, nous les transportons comme des bagages dans tous les domaines de notre vie. Cela influence nos relations, notre vie professionnelle et la manière dont nous nous sentons quotidiennement, encombrant ainsi notre existence. Notre bagage émotionnel nous cause aussi plus de souffrances étant donné que nous continuons à répéter certains modèles et certaines erreurs. Par exemple, si vous avez subi des mauvais traitements dans une relation amoureuse, il est probable que si vous ne travaillez pas à comprendre, pardonner et abandonner la première relation, vous projetterez des sentiments de colère et de méfiance dans votre prochaine relation — causant ainsi une souffrance inutile pour vous et votre partenaire.

La psychothérapie est utile pour traiter et comprendre nos expériences douloureuses, elle peut nous aider à guérir nos ressentiments, à pardonner aux autres et à nous-mêmes, et à poursuivre notre vie. Il faut du courage pour passer par ce processus, et le mécanisme du lâcher-prise par rapport au passé peut être long — comme lorsque vous pelez un oignon, il se peut que vous enleviez une couche pour en découvrir une autre juste en dessous. Il est donc important d'être patient et de vous traiter avec amour. Il est aussi important de libérer ses émotions d'une manière constructive, comme par les larmes, le rire ou de sains éclats de colère. Voici quelques suggestions pour libérer des larmes refoulées.

• Avec une boîte de mouchoirs papier à vos côtés, regardez un film triste lorsque vous êtes seul. Permettez-vous de pleurer tout votre soûl en donnant libre cours aux sentiments qui sont profondément enfouis en vous-même.

• Comme nos émotions peuvent s'accumuler dans notre corps, prenez un rendez-vous avec une personne qui peut traiter votre corps, comme un massothérapeute en qui vous avez confiance.

• Écoutez de la musique émouvante.

- Regardez quelque chose d'une grande beauté qui vous émeut, comme un paysage ou une peinture.
- Regardez la photographie d'un être cher décédé.

Si vous retenez des sentiments non résolus de blessure, de colère ou de ressentiment, prenez le temps de les noter dans votre journal pour obtenir plus de clarté, de compréhension et de conscience. Ensuite, écrivez une lettre à la personne avec qui vous vous êtes disputé. Dites-lui exactement comment vous vous sentez en libérant vos émotions sur le papier. Brûlez la lettre. Puis écrivez une autre lettre, cette fois-ci en ressentant moins de colère et en manifestant moins d'émotions ; songez à la poster ou à la remettre à l'autre personne. Aussi, pendant que vous méditez, visualisez la personne avec laquelle vous êtes en colère comme étant assise en face de vous, et parlez-lui. Parlez avec votre cœur sans rien retenir. Quelle pourrait être sa réaction ? Essayez d'imaginer que vous êtes l'autre personne. Que ressent-elle ? Essayez de vous mettre à sa place pour développer de la compassion.

S'il y a beaucoup de colère en vous, il pourrait être utile de la libérer d'abord. Voici quelques suggestions :

- Marchez rapidement, courez ou faites de l'exercice avec intensité.
- Coupez du bois.
- Jouez de la batterie.
- Construisez un objet où vous pourrez cognez sur des clous.
- Criez et hurlez dans un oreiller.

- Lancez des roches dans un endroit sûr et où personne ne pourrait se faire blesser.

Les larmes peuvent faire surface au moment où vous libérez et abandonnez votre douleur. Laissez-les couler, car elles transforment votre colère en compassion et en pardon. Le pardon est libérateur pour nous et pour l'autre personne, laissant de la place pour plus de joie et d'amour dans nos vies.

Peut-être avez-vous de la difficulté à vous pardonner votre comportement passé. Permettez à votre colère envers vous-même de s'exprimer dans une lettre, partagez-y vos pensées et vos sentiments sur ce que vous avez fait. Ensuite, écrivez une lettre à l'enfant qui est en vous — la partie de vous qui est innocente et vulnérable. Que diriez-vous à cet enfant ? Qu'avez-vous appris de vos erreurs ? Souvenez-vous que vous faisiez du mieux que vous le pouviez à l'époque, avec la connaissance et la sagesse que vous possédiez alors. Si vos actions ont blessé des gens, songez à faire amende honorable en vous excusant en personne ou dans une lettre. Ceci créera de l'espace pour faire émerger de l'amour, de la compassion et du pardon.

Le deuil dû à la perte d'un être cher est un autre exemple du bagage émotionnel passé qui peut épuiser notre énergie vitale. Plusieurs années peuvent être nécessaires pour nous guérir de ce type de perte, il est impératif que nous honorions notre propre processus. Cela signifie que lorsque des sentiments émergent, il nous faut prendre le temps de faire le deuil, de nous défaire de toutes les attentes par rapport au temps que cela « devrait » prendre, de nous respecter totalement, et de prendre soin de nous. Par exemple, permettez-vous de faire une sieste lorsque vous vous sentez fatigué, au lieu de vous faire du mal en disant : « Qu'est-ce qui ne va pas avec moi ? Je ne devrais pas être si fatigué. » Lorsque vous vous sentez déprimé, écrivez dans votre journal ou parlez à un ami intime au lieu de boire une bouteille de vin. Vous devez aussi croire que votre énergie, votre vitalité et votre joie reviendront avec le temps.

Pendant que vous travaillez consciemment à vous débarrasser du vieux, en donnant la priorité à votre énergie vitale, choisissez des relations positives, simplifiez vos possessions matérielles, éliminez l'endettement par cartes de crédit, et nettoyez le désordre physique et émotionnel de votre vie ; vous créerez ainsi plus de place pour des expériences de vie nouvelles et satisfaisantes. Vous serez alors préparé pour entamer votre voyage.

Exercices

1. Remarquez comment vous vous sentez lorsque vous dépensez votre énergie vitale. Avez-vous beaucoup d'énergie ou vous sentez-vous épuisé ? Quelles sont vos principales valeurs ? Qu'est-ce qui est important pour vous ? Vivez-vous actuellement en conformité avec vos valeurs supérieures ? Sinon, que vous faudrait-il changer ? Expliquez.

2. Dressez une liste de chacune de vos principales relations. Écrivez *positif, neutre*, ou *négatif* près du nom de chaque personne, en vous basant sur leur façon de vous influencer, et si oui ou non elles vous soutiennent dans votre volonté de vivre de façon authentique et de poursuivre vos rêves. Décrivez toute relation « négative ». Quels gestes pouvez-vous accomplir pour neutraliser

leurs effets? Devriez-vous vous éloigner et laisser cette relation se terminer?

3. Payez vos dettes de cartes de crédit. Créez un plan de dépenses sur la façon dont vous *voulez* dépenser votre argent, conformément à vos valeurs et priorités. Faites le suivi de vos dépenses pour évaluer à quel endroit vous dépensez trop et essayez de comprendre les raisons profondes de ces dépenses. Songez à demander de l'aide aux Débiteurs Anonymes ou consultez des services-conseils pour le crédit ou des services de consolidation de dettes.

4. Libérez-vous du désordre de votre maison, de votre bureau et de votre voiture. Fixez une date, annuellement, pour un ménage du printemps. Débarrassez-vous de tout objet dont vous ne vous servez pas, que vous n'aimez pas ou qui n'a pas de valeur sentimentale. Fixez une date d'expiration sur les articles dont vous avez de la difficulté à vous départir et laissez-les partir lorsque la date arrive.

5. Des problèmes émotionnels non résolus venant de votre passé vous pèsent-ils? Si cela est le cas, songez à demander l'aide professionnelle d'un thérapeute ou d'un guérisseur, à lire des livres d'aide personnelle, à tenir un journal pour une prise de conscience, ou à écrire une lettre à la personne contre laquelle vous êtes en colère — y compris vous-même. Prenez des mesures pour acquérir une conscience plus profonde au sujet de l'influence de votre passé sur votre vie actuelle. Travaillez sur la guérison, le pardon et le lâcher-prise.

Méditation guidée

Le but de cette méditation est de vous aider à obtenir de la clarté sur ce qui épuise votre énergie et de visualiser la façon de vous en libérer.

Asseyez-vous confortablement sur une chaise ou croisez les jambes en vous assoyant sur un coussin sur le plancher, le dos bien droit et les mains reposant sur vos genoux. Commencez à concentrer votre attention vers l'intérieur de votre être. Observez votre respiration et voyez à ce qu'elle devienne de plus en plus profonde. Créez un flot rythmique en espaçant également chaque inspiration et chaque expiration. Lorsque vous commencez à vous détendre, notez toutes les régions de votre corps où vous ressentez de la tension ou de l'inconfort, et envoyez votre respiration vers ces endroits, permettant ainsi à la tension de s'apaiser et de se relâcher. Ensuite, notez la qualité de vos pensées. Essayez d'immobiliser votre esprit pendant que vous êtes paisiblement assis dans un état silencieux de conscience.

Examinez vos relations. Y a-t-il des gens dans votre vie qui drainent votre énergie? Conservez-vous des amitiés qui ne vous soutiennent plus? Imaginez tout ce qui épuise votre énergie vitale : des soucis financiers, des items non complétés sur votre liste de choses à faire, du désordre, des problèmes émotionnels non résolus de votre passé. Prenez quelques minutes pour vous visualiser en train de placer toutes ces choses dans des boîtes différentes.

Placez chaque boîte dans une pile quelque part à l'extérieur ou dans votre cour. Ajoutez des journaux chiffonnés et du bois d'allumage, versez du liquide à briquet sur la pile, allumez une allumette et créez un énorme feu de jardin. Demeurez à côté et observez. Pendant que les flammes brûlent les articles que contient chaque boîte, imaginez que plus d'espace et d'énergie se créent pour tous vos rêves et vos désirs les plus profonds. Remarquez comment vous vous sentez ; commencez-vous à vous sentir plus léger ? Alors que vous vous défaites des articles de chaque boîte, imaginez ce que vous aimeriez apporter dans votre vie : comme une meilleure santé, de nouvelles relations épanouissantes, ou l'abondance financière. Lorsque la dernière boîte a brûlé, visualisez en détail la nouvelle apparence de votre vie et comment vous désirez vous sentir. Exprimez votre gratitude comme si la transformation avait déjà eu lieu.

Lorsque vous aurez l'impression d'avoir complété l'expérience, revenez lentement et doucement dans la pièce et ouvrez les yeux. Notez votre expérience et toutes les nouvelles pensées qui ont émergé en vous. Dressez-en une liste en plaçant en ordre de priorités les projets que vous aimeriez accomplir ou ce qu'il vous faudra laisser tomber pour créer de la place dans la vie de vos rêves.

PARTIE III

PARTEZ POUR DES RIVAGES LOINTAINS

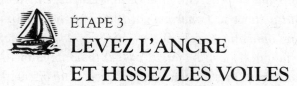

ÉTAPE 3

LEVEZ L'ANCRE
ET HISSEZ LES VOILES
Participez à la vie

La grandeur ne se trouve pas à l'endroit où nous nous tenons, mais dans la direction où nous avançons. Il nous faut parfois voguer dans le sens du vent et d'autres fois, contre lui — mais nous devons voguer et non pas dériver, et non plus rester ancrés.

— OLIVER WENDELL HOLMES

*L*e 6 septembre 1998. C'est le sixième jour d'une traversée de onze jours du pays de Vanuatu jusqu'à Cairns, en Australie. *Je viens tout juste de terminer ma garde de deux heures trente à quatre heures du matin. C'était fantastique! Le pilote automatique était en fonction, les vents étaient bas, et la houle faible. Mais surtout, nous avons pris un nouveau passager — un oiseau. Je l'ai vu se poser gracieusement sur la proue après plusieurs tentatives. Sans les distractions quotidiennes comme répondre aux appels téléphoniques, vérifier les courriels et regarder la télévision, la vie a vraiment ralenti, et je suis en mesure de vivre la richesse des choses simples. Je me sens heureuse et en paix.*

Prenez la barre

Pour participer à notre vie, il nous faut prendre la barre de notre voilier, et entreprendre consciemment une traversée sécuritaire, en prenant des décisions conformes à ce que nous sommes et à notre raison d'être. En abandonnant la barre, nous laissons le vent, les vagues et les courants nous conduire — permettant à la vie de nous imposer ses mouvements —, de cette façon, nous nous perdrons en mer et nous n'atteindrons jamais la destination désirée.

En nous permettant des distractions, comme regarder la télévision, prendre des appels téléphoniques imprévus, vérifier ses courriels, surfer sur l'Internet et parler au téléphone cellulaire, nous abandonnons la barre, et nous ne pouvons ainsi atteindre nos objectifs. Par exemple, ce matin, je me suis réveillée vers huit heures, j'ai pris soin de mes animaux de compagnie, j'ai fait un feu, j'ai vérifié ma boîte vocale et mes courriels, et j'ai reçu un appel téléphonique qui a duré quarante-cinq minutes, puis un autre appel qui a duré une demi-heure. Ensuite, pendant que je prenais mon petit-déjeuner, j'ai entendu des bruits suspects de couinement provenant d'en bas, j'ai fini par découvrir que mon chat avait rapporté une souris à la maison. Après m'être occupée de la souris — l'attraper, m'assurer qu'elle n'était pas blessée, la perdre accidentellement dans la maison, la rattraper, et la libérer dans un endroit sûr — un autre quarante-cinq minutes s'était écoulé. La journée en était déjà à la moitié, et je n'avais écrit qu'un seul paragraphe !

Il nous arrive parfois d'être incapable de contrôler les distractions qui apparaissent dans notre vie — comme la souris dans ma maison —, mais en prenant consciemment les commandes, nous pouvons choisir celles auxquelles nous porterons attention. Par exemple, je n'étais pas obligée de répondre aux deux appels téléphoniques. Nous pouvons choisir de fixer des limites sur la quantité d'émissions télévisées que nous regardons, et nous pouvons fermer notre téléphone cellulaire, ou limiter le temps que nous passons à surfer sur l'Internet. Lorsque nous nous libérons de l'influence de la dépendance, nous sommes en mesure d'être plus présents. Et un style de vie équilibré nous procurera l'énergie nécessaire pour participer pleinement à la vie.

Prendre les commandes, c'est aussi nous réveiller et prendre conscience de nos décisions et de nos comportements pour que la navigation de notre traversée soit sécuritaire et que nous puissions vivre une vie plus significative. À présent que nous savons qui nous sommes, ce que nous voulons et où nous nous dirigeons dans notre voyage, et maintenant que nous avons créé de la place pour la vie que nous désirons, il nous faut éliminer les distractions et choisir un style de vie sain afin de pouvoir lever l'ancre, hisser les voiles et voguer dans la vie de nos rêves.

Débranchez-vous de la télévision

Les statistiques de ACNielsen révèlent que l'Américain moyen regarde plus de quatre heures de télévision par jour, ce qui signifie environ vingt-huit heures par semaine, ou neuf ans dans une vie de soixante-cinq ans. Regarder la télévision sur une base régulière est l'une des principales façons par lesquelles nous abandonnons la barre dans nos vies. Les coûts physiques, psychologiques, émotionnels et spirituels sont très élevés, sans mentionner les coûts se rapportant aux occasions manquées — tout ce temps passé à regarder des images en mouvement au lieu de participer à la vie et de poursuivre nos rêves !

Avant que John et moi ne quittions Seattle en 1998, nous passions en moyenne quinze à vingt heures par semaine devant la télévision. Nous reconnaissions que ce comportement ne faisait qu'ajouter à notre sentiment d'insatisfaction en étouffant notre créativité et en accaparant du temps, qui autrement, aurait pu être utilisé pour développer des amitiés et nous engager dans la vie de notre communauté — ce sont là des choses qui nous auraient permis de vraiment nous épanouir. Par conséquent, nous avons effectué plusieurs tentatives pour diminuer la quantité d'émissions de télévision que nous regardions — incluant le fait de ranger le téléviseur dans un placard et de ne le ressortir que les «jours où nous étions malades au lit». Nous avons aussi téléphoné pour faire débrancher le service de câble. (Personne n'est jamais venu, nous avons donc continué à recevoir le câble gratuitement.) Comme aucune de ces tactiques n'avait fonctionné, nous avons finalement décidé de faire cadeau de notre téléviseur, quand nous sommes partis pour nos voyages.

Lorsque nous étions outremer, nous avions très peu de contacts avec la télévision, sinon le visionnement occasionnel d'un match de rugby ou de soccer dans un pub local. Puis, un jour, cinq mois après le début de notre voyage, des amis du fils du capitaine nous ont installés dans un chic hôtel de villégiature, à Bali, en Indonésie. Et voilà qu'il y avait un téléviseur dans la suite. Après une traversée épuisante entre l'île Gili et Bali, pendant laquelle nous avions progressé très lentement contre des vents en poupe de vingt-deux nœuds et un courant de deux noeuds, nous étions excités à l'idée de nous isoler dans notre chambre d'hôtel et de nous étendre sur un lit. En particulier, nous tenions beaucoup à avoir un peu de temps seul après avoir passé les cinq derniers mois sur le voilier, logés très à l'étroit sans beaucoup d'intimité. La télévision était la parfaite évasion.

Deux heures à changer les canaux entre des programmes ennuyeux nous ont rendus irritables. Mon cou est devenu tendu et raide, et j'ai pris conscience qu'à Seattle, j'avais souvent eu la même sensation. Cette irritabilité et cette tension me rendaient crispée et insatisfaite. J'ai immédiate-ment compris son origine et j'avais peine à croire à quel point c'était évident après seulement quelques heures. Il m'est venu à l'esprit qu'il était possible que la télévision ait créé une surcharge de mes circuits mentaux — étant donné que le rythme de la vie avait tellement ralenti lorsque je vivais en mer. Je me suis demandé : « Si seulement deux heures de télévision pouvaient me rendre aussi mal, alors quels en sont les effets sur les gens qui la regardent quotidiennement ? Et les gens qui la regardent plus que je ne le fais ? » Nul besoin de dire que notre décision de nous départir de notre téléviseur s'est à nouveau confirmée.

Tommy, un étudiant universitaire de dix-neuf ans, a grandi sans téléviseur dans sa maison. Comme il y était très peu exposé, il ne sentait pas le besoin d'en posséder un. Tommy nous a expliqué : « Dans mon enfance, l'absence de télévision m'a permis de développer une vaste gamme de talents. » C'est un étudiant brillant et un athlète talentueux ; il est planchiste, il fait du ski nautique et du surf, en plus d'être musicien. Sans la télévision qui accaparait son temps, il avait pu concentrer son énergie sur ses études, développer des habiletés pour des choses qu'il adore, et passer beaucoup de temps en plein air.

Tommy a poursuivi : « Sans la télé qui vous dit ce que vous devriez posséder, vous ne ressentez pas le besoin d'acquérir tous ces jouets. Lorsque vous n'avez pas les derniers gadgets, vous trouvez des choses qui correspondent plus à ce que vous êtes. » Tommy voit ses amis qui se conforment aux dernières modes, achetant les gadgets les plus récents et jouant à des jeux vidéo populaires. Étant donné qu'il n'était pas sous l'influence de la télévision, il a développé des intérêts uniques et authentiques, et des talents pour lesquels il se passionne.

Comme il devait vivre au dortoir avec un camarade qui ouvrait fréquemment la télévision, l'adaptation a constitué un problème pour Tommy. Lorsqu'il entre dans la pièce et que la télévision est ouverte, il ressent de la tension. Tommy a expliqué : « La télévision crée une sorte de tension qui fait que vous ne pouvez même pas vous détendre. Son énergie est très distrayante et énervante. C'est une énergie qui me rend irritable, j'en perds même ma créativité et mon inspiration.» Tommy a ajouté : «La télévision fait passer le temps, mais ne elle ne nourrit pas votre esprit, ni votre jouissance de la vie.» La télévision nous empêche aussi de prendre des risques, et nous transforme en spectateurs passifs. Par exemple, au lieu de regarder une partie de base-ball à la télévision, pourquoi ne pas assister au match et vivre l'excitation et l'énergie de la foule ? Encore mieux, pourquoi ne pas vous joindre à une équipe de base-ball récréatif et *vraiment* participer en faisant de l'exercice et en expérimentant la camaraderie avec vos coéquipiers ? Au lieu de regarder le canal voyage, épargnez l'argent que vous auriez dépensé à payer le câble et voyagez. (Par exemple, disons que le câble coûte 40 $ par mois ; vous pouvez épargner 480 $ par année, que vous pourrez utiliser pour des dépenses au cours de votre prochain voyage.) Remarquez comment ces idées vous donnent des ailes et le goût de l'aventure !

S'il est trop effrayant de vous départir de votre précieux téléviseur, essayez de suivre une «diète télévision». Commencez par noter la quantité de temps que vous consacrez à regarder la télévision au cours d'une semaine. Puis, établissez un plan qui respecte vos valeurs et vos priorités — de quelle manière voulez-vous dépenser votre énergie vitale ? Peut-être votre plan inclura-t-il de regarder la télévision une heure par soir au lieu de deux, ou seulement les week-ends, afin de vous donner plus de temps pour l'exercice physique, la lecture, les amis ou les activités artistiques. Songez à enregistrer vos émissions préférées et passez les messages publicitaires rapidement pour diminuer la quantité de temps passé à visionner, et la quantité d'information que votre esprit doit traiter. Cette initiative vous permet aussi de gérer l'horaire selon lequel vous regardez la télévision. Vous n'êtes donc pas obligé de vous presser pour dîner, simplement pour voir une émission. Vous pouvez aussi faire comme moi et vous procurer un combiné TV/VCR ou un lecteur DVD destiné au simple visionnement de films.

Lorsque vous développez votre plan, incluez une liste d'activités que vous aimeriez pratiquer au lieu de regarder la télévision, comme suivre un cours, faire du jardinage ou méditer. Assurez-vous d'inclure du temps juste pour vous détendre et ne rien faire. De plus, demandez à un ami de vous surveiller pour que vous ne glissiez pas inconsciemment dans vos anciens modèles de comportement et abandonniez la barre. Par exemple, dans le passé, peut-être avez-vous manifesté votre intention de regarder une émission d'une demi-heure, mais alors que vous vous enfonciez plus profondément dans le sofa, par un jour pluvieux, vous avez découvert un bon film, puis un autre. Comme résultat, votre journée entière s'est passée devant la télévision. Avec un plan établi et un ami qui vous surveille, il est plus probable que vous choisirez consciemment de participer activement à la vie.

Tenez aussi compte de la qualité des émissions que vous regardez. Par exemple, remarquez comment vous vous sentez après avoir regardé les nouvelles par rapport à la manière dont vous vous sentez après une comédie amusante. Vous sentez-vous irritable ou dormez-vous mal après avoir visionné des films violents ? Souvenez-vous que ce que vous mettez dans votre cerveau influence la façon dont vous vous sentez : tout comme vous vous sentez mal après avoir consommé de la malbouffe, le même phénomène se produit lorsque vous regardez des émissions de télévision ou des films dérangeants ou violents.

Sur une fiche, écrivez la citation suivante de Bob Moawad, un auteur, conférencier motivateur et consultant en entreprise; placez la fiche à un endroit où vous pouvez facilement la voir (peut-être sur la télévision ou juste à côté) : « Vous ne pouvez laisser des empreintes de pieds dans les sables du temps si vous vous assoyez sur votre derrière — et qui veut laisser des traces de derrière sur les sables du temps? »

Pour véritablement faire l'expérience de la vie, débranchez la télévision, suivez votre cœur et participez pleinement aux activités qui vous passionnent. Ainsi, votre estime de vous-même et votre regard sur la vie s'amélioreront et vous serez sur la voie vers une vie plus significative.

Établissez des limites avec votre téléphone cellulaire

D'après l'association CTIA (Cellular Telecommunications and Internet), de 1995 à 2005, le nombre total d'abonnés au téléphone sans fil aux États-Unis a augmenté de plus de 600 pour cent. Plus de 190 millions de personnes utilisent maintenant les services sans fil, comparé à moins de 30 millions il y a dix ans. Cette augmentation substantielle de l'utilisation du cellulaire a transformé nos vies. Non seulement disposons-nous de plus de commodités à portée de main, mais nous sommes plus distraits que jamais. Plutôt que d'être totalement présents et engagés envers ce que nous faisons et envers les gens avec lesquels nous passons du temps — incluant nous-mêmes —, nous éparpillons notre énergie. Par exemple, si nos téléphones cellulaires sont ouverts en tout temps, parce que — même si ce n'est qu'à un niveau subconscient — nous ne voulons pas manquer le prochain appel, notre attention n'est jamais entièrement vouée au moment présent. Si nous parlons à quelqu'un en personne, dès que le téléphone sonne, nous interrompons la communication avec cette personne et notre attention est dirigée ailleurs. Autre élément important, si nous parlons au téléphone du bureau vers la maison, nous diminuons notre temps de solitude — nous pourrions consacrer ce moment à réfléchir aux événements de notre journée.

Non seulement notre téléphone cellulaire nous empêche-t-il d'être entièrement présents pour les autres et pour nous-mêmes, mais notre intimité est fréquemment envahie. Par exemple, pendant que j'attendais à l'aéroport pour prendre un vol durant les Fêtes, la dame près de moi parlait dans son téléphone cellulaire. Essayant de lire, je pouvais entendre chaque mot de sa conversation et j'ai commencé à me sentir frustrée. J'ai été soulagée, temporairement, lorsqu'elle s'est levée pour partir. Mais alors, une autre dame s'est assise à sa place et a fait un appel. Elle a parlé de sa famille, de ses problèmes de santé, du nouveau plancher de la cuisine, de ses petits-enfants et de ses plans pour Noël — toutes sortes de sujets personnels. Des sentiments d'irritation m'ont inondée étant donné que mon espace personnel continuait à être envahi.

Outre le fait qu'ils sont une intrusion dans notre intimité, notre temps libre et nos liens intimes avec d'autres personnes, on a découvert que les téléphones cellulaires étaient responsables d'une augmentation du nombre d'accidents de la circulation si on s'en servait en conduisant. Une étude menée à Perth, en Australie, a découvert que les automobilistes qui utilisaient un cellulaire en conduisant avaient quatre fois plus de risque d'être impliqués dans des accidents assez graves pour être blessés. Il y a eu récemment une augmentation dans la législation concernant les distractions au volant, et la plupart des experts conviennent que l'augmentation rapide des nouvelles technologies sans fil, qui sont utilisées lors de la conduite automobile — plus particulièrement les téléphones cellulaires — en sont responsables. Les suggestions qui suivent vous permettront de minimiser vos risques d'accident impliquant un téléphone cellulaire.

- Fermez votre téléphone ou gardez-le toujours dans un endroit facilement accessible dans la voiture pour que vous n'ayez pas à fouiller lorsqu'il sonne*.
- Quittez la route, si possible, avant de répondre à un appel ou d'en placer un.
- Servez-vous d'un écouteur lorsque vous parlez en conduisant pour que vos mains demeurent libres.
- Concentrez-vous sur votre conduite même si cela signifie que vous manquez un appel ou que vous vous débranchez brusquement.
- Évitez les conversations stressantes ou à caractère émotif pendant que vous conduisez — non seulement au téléphone cellulaire, mais aussi avec les passagers.

Lorsque vous songez à la façon d'établir des limites avec votre téléphone cellulaire, songez à vos valeurs et à vos priorités. Si vous valorisez vos liens intimes avec les autres, alors fermez votre cellulaire lorsque vous avez une conversation

---

*Note de l'éditeur : Notez qu'au Québec, il est maintenant interdit d'avoir un téléphone à la main en conduisant. Si vous devez prendre ou placer un appel, vous devez le faire à l'aide d'un dispositif «main-libre» ou vous ranger sur le bord de la route.

face à face. Si vous accordez de la valeur au temps que vous passez seul, alors fermez votre téléphone lorsque vous roulez vers le travail ou que vous en revenez, lorsque vous faites de l'exercice, ou lorsque vous prenez un repas. Encore mieux, ouvrez votre téléphone cellulaire seulement quand vous attendez un appel ou que vous avez besoin d'en faire un. Autrement, gardez-le fermé pour pouvoir être complètement présent et pour participer pleinement à votre vie. Vous pouvez appliquer les mêmes règles pour votre téléphone à la maison. À moins que vous attendiez un appel important, au lieu de répondre au téléphone chaque fois qu'il sonne, pourquoi ne pas laisser votre répondeur prendre l'appel. Ou éteignez la sonnerie lorsque vous dormez, mangez ou conversez avec des êtres chers. Prenez la barre et ne permettez pas au téléphone de vous dicter à quoi vous consacrez votre temps précieux et votre énergie vitale.

Limitez votre temps sur l'Internet

Une autre façon d'abandonner la barre, c'est en utilisant l'Internet sans discernement. Combien de fois vous arrive-t-il de vous brancher sur l'Internet pour regarder quelque chose de particulier ou pour vérifier vos courriels, et de vous retrouver, une demi-heure plus tard, absorbé sur un site que vous n'aviez nullement l'intention de consulter ? Vérifiez-vous compulsivement vos courriers électroniques dix fois par jour même quand votre boîte de réception est vide ? Je connais des personnes qui ont des centaines de courriels qui attendent d'être lus et triés dans leur messagerie. Ce comportement consomme une énorme quantité de temps et d'énergie mentale qui pourrait être dépensée à poursuivre vos rêves. Qu'arrive-t-il avec ces courriels qui sont là à attendre d'être lus, mais que vous n'arrivez jamais à lire ? Chaque fois que vous les voyez, ils vous rappellent que vous avez des choses à terminer — un autre élément sur votre liste de choses à faire — et votre énergie vitale s'épuise lentement. S'ils ne sont pas importants, supprimez-les. Usez de discernement au sujet des choses que vous regardez. Songez à ce que vous pourriez faire avec tout le temps que utilisez à lire des courriels ou des annonces !

L'Internet est un outil étonnant qui nous procure des commodités et qui *peut* nous aider à économiser temps et énergie. Par exemple, nous épargnons beaucoup de temps en faisant des achats ou des recherches en ligne, puisque nous n'avons pas à nous rendre au magasin ou à la bibliothèque. Pour la plupart des gens, l'Internet est simplement un outil utilisé pour la communication et pour recueillir de l'information. Mais pour d'autres, il peut devenir un substitut à des relations réelles et une menace au bien-être financier et émotionnel.

Brandon, un étudiant d'université de vingt-quatre ans, passe entre cinq à huit heures par jour à jouer à un jeu informatique interactif sur l'Internet. Il n'a ni emploi ni petite amie, ses notes dégringolent, et il ne veut plus sortir. Brandon nous a confié : « Cela occupe ma vie et mes pensées. Je reste éveillé à y penser pendant environ une heure avant de tomber endormi le soir et je reste debout tard à jouer. » Même si Brandon croit que sa vie est déséquilibrée, il admet être dépendant et ne veut pas cesser de jouer.

Lorsque nous nous engageons *inconsciemment* à regarder la télévision, à surfer sur l'Internet, ou à jouer à des jeux informatiques, nous engloutissons beaucoup de temps précieux. Ces activités physiquement passives nous éloignent de l'interaction sociale et de la poursuite de nos rêves. Il est important de *consciemment* maîtriser la barre et de fixer des limites qui sont alignées avec ce que vous êtes et avec vos valeurs et priorités les plus profondes, plutôt que de permettre aux vents de la distraction de vous pousser hors du chemin menant à votre destination désirée.

Libérez-vous de la dépendance

La dépendance épuise une somme incroyable de temps et d'énergie vitale. Ces habitudes nous portent à être distraits et à toujours penser à l'avance : *Quand et où recevrai-je ma prochaine dose ?* Cette façon de penser bloque aussi notre processus créateur et notre croissance spirituelle, nous emprisonnant et nous rendant insatisfaits. Comme résultat, nous abandonnons la barre et nous sommes incapables d'être présents et de participer pleinement à la vie.

Le dictionnaire définit la *dépendance* comme un «besoin compulsif pour absorber une substance formant une habitude, ainsi que l'utilisation de cette substance — caractérisée par la tolérance et par des symptômes physiologiques bien déterminés qui sont provoqués lors de l'interruption de l'utilisation de cette substance». La dépendance la plus remarquable est la dépendance chimique — des substances comme les drogues, l'alcool et la nicotine. Mais il y a aussi bien d'autres formes de dépendance qui nous empêchent de vivre pleinement, comme des dépendances au jeu, au sexe, à la nourriture et à l'abus de travail. Nous sommes dépendants de tout ce à quoi nous nous engageons d'une façon compulsive qui domine nos pensées et nos comportements, malgré leurs conséquences destructrices sur nos relations, nos finances, notre santé et notre bien-être.

Les nouvelles technologies, comme l'Internet, la télévision et la vidéo, et les jeux informatiques sont des domaines de dépendance pas très bien reconnus. On a découvert qu'ils exploitent notre nature déjà obsessive-compulsive. Par exemple, d'après Robert Kubey, psychologue de l'Université Rutgers et membre du conseil d'administration de TV-Free America, une fois que la télévision est ouverte, il est difficile de la fermer. Plusieurs téléspectateurs présentent les mêmes symptômes que ceux qui souffrent d'abus de substances, comme (1) utilisation de la télévision comme sédatif, (2) visionnement non sélectif, (3) sentiment de perte de contrôle pendant le visionnement, (4) sentiment de colère contre soi-même de trop la regarder, (5) incapacité de cesser de la regarder. D'après Mary Winn dans le magazine *The Plug-In Drug*, « Si l'attrait de la télévision est si puissant, c'est précisément parce qu'elle gratifie le côté passif de la nature humaine dont tout le monde est doté à différents degrés. » Donc, la télévision non seulement exploite notre nature compulsive, mais aussi notre tendance à vouloir devenir passifs.

Même si l'Internet et les jeux vidéo et informatiques sont des activités moins passives que de regarder la télévision, elles nous empêchent quand même de *vraiment vivre*. Maintenant, il y a même des preuves scientifiques qui suggèrent que jouer à des jeux vidéo provoque une dépendance physique. Dans une étude menée à l'hôpital Hammersmith de Londres, des chercheurs ont découvert que les jeux vidéo doublent la production de dopamine dans le cerveau. Cette augmentation est sensiblement la même que lorsqu'une personne se fait injecter des amphétamines ou du Ritalin — en d'autres mots, cela équivaut à une dose de méthamphétamine.

Il nous arrive parfois de nous servir des dépendances pour nous distraire et nous engourdir sur le plan émotionnel afin de ne pas devoir affronter des sentiments de mécontentement, comme la colère, la peur, la tristesse, l'ennui et le sentiment de solitude. Malheureusement, ce comportement ne fait qu'ajouter aux sentiments d'insatisfaction, créant ainsi un cycle qu'il est extrêmement difficile de briser. Qu'est-ce qui vous porte à disparaître, à vous engourdir, ou à ne pas participer ? C'est peut-être de regarder la télévision, de surfer sur Internet, ou de consommer des substances. Ces choses vous préviennent-elles de porter votre attention sur ce qui est vraiment important, ou vous empêchent-elles d'avancer dans la vie ? Posez-vous ces questions : « Est-ce que je vis la vie au plus haut degré ? Est-ce que je me sens satisfait, vibrant et vivant ? » Sinon, évaluez combien de temps vous consacrez à des activités qui vous empêchent de vraiment vivre. Combien d'heures par jour ou par semaine passez-vous à faire ces choses ? Quels sont les coûts par rapport aux occasions manquées, aux comportements créatifs, aux activités de loisir, de vitalité physique et aux relations intimes ? De quelle façon votre corps, votre esprit et votre âme en sont-ils affectés ? Agissez-vous ainsi pour éviter des sentiments d'insatisfaction ? De quelle manière pouvez-vous participer plus pleinement à votre vie ?

Peut-être n'êtes-vous pas accro des nouvelles technologies ou des substances, mais vous vivez une vie au rythme rapide avec peu de temps libre et vous surchargez continuellement votre esprit. Lorsque vous conduisez, vous parlez au téléphone cellulaire ou vous pensez à votre liste de choses à faire. Lorsque vous ralentissez le week-end, vous avez grand besoin de stimulation et vous regardez la télévision ou surfez sur l'Internet simplement pour demeurer occupé. Ce cycle d'affairement peut se comparer à la marche sur un tapis roulant : il est difficile d'en sortir, donc vous continuez à marcher et à marcher. Même lorsque vous avez un moment paisible, pendant que vous attendez un vol d'avion ou que vous vous trouvez dans la circulation, vous devez faire quelque chose, vérifier quelque chose, appeler quelqu'un, et ainsi votre énergie est éparpillée et déconcentrée. Dans ce processus, vous perdez le moment présent et la chance de jouir de la richesse de la vie. De plus, se tenir occupé est un autre moyen d'éviter l'insatisfaction. Si la description précédente correspond à ce que vous êtes, qu'évitez-vous ? De quoi avez-vous peur ?

Lorsque vous commencez à ralentir et à éliminer les distractions de votre vie, vous créez plus d'espace pour la manifestation de vos désirs. Au début, vous sentirez peut-être un vide, ce qui peut être inconfortable, mais c'est à partir de ce vide que naissent d'infinies possibilités. Soyez donc patient à travers ce processus et permettez au vide — à l'espace — d'exister. C'est de cet endroit d'immobilité et de silence que votre âme est capable de vous parler à propos de ce qui vous épanouit et d'ajouter du sens à votre vie.

Choisissez un style de vie sain et équilibré

Le fait de refuser les distractions, prioriser votre emploi du temps et la façon dont vous dépensez votre énergie vous aidera à participer plus pleinement à la vie. Mais si votre vie est toujours déséquilibrée et si votre santé est douteuse, vous ne disposez pas de l'énergie nécessaire pour être totalement présent et engagé. Par conséquent, il est important de choisir un style de vie sain et équilibré dans tous les secteurs de votre vie — corps, esprit et âme.

Nourrissez votre corps avec de la nourriture fraîche et naturelle comme des fruits et légumes biologiques ; cela vous donnera plus d'énergie, vous aidera à avoir l'esprit clair, et il sera ensuite plus facile de vous connecter à votre âme. Trop souvent, nous mangeons du sucre en excès et nous buvons de la caféine pour maintenir le rythme de vie effréné que nous avons créé. Cela peut nous donner de l'énergie temporairement, mais en fin de compte, notre glycémie chutera, nous nous sentirons fatigués et notre corps en demandera encore plus. En utilisant des stimulants comme le sucre et la caféine pour continuer à fonctionner, notre corps finit par abandonner la partie et tomber malade. Une autre façon de nous priver d'une bonne nutrition et d'une bonne santé, c'est de manger fréquemment à l'extérieur ou consommer de la malbouffe. En créant de la place dans votre style de vie pour préparer des repas sains, vous vous offrez un énorme cadeau qui durera toute votre vie.

En faisant régulièrement de l'exercice, vous augmenterez votre réaction immunitaire, vous améliorerez votre humeur, vous vous fortifierez et vous augmenterez votre vitalité. Choisissez un programme d'exercices qui est adapté à vos besoins. Peut-être s'agit-il d'une promenade quotidienne, tous les matins. Vous pouvez aussi alterner entre le jogging, la randonnée, la natation, le vélo et les exercices au gymnase, le yoga et les cours de danse. Pour vous motiver, tout en tenant compte de vos besoins sociaux, programmez des rendez-vous pour marcher ou pour faire de la randonnée avec des amis; vous ferez «d'une pierre deux coups», comme aurait dit ma mère.

Remplissez votre esprit d'informations positives qui améliorent la vie. Comme je l'ai mentionné plus tôt, lorsque nous voyons de la violence dans les nouvelles ou dans les émissions de télévision, notre humeur est influencée et nous devenons souvent irritables ou déprimés. Regardez plutôt des films amusants ou des émissions éducatives, ou choisissez des émissions d'information qui n'ajoutent pas de sensationnalisme aux éléments négatifs. Lisez des livres et des récits inspirants qui élèveront votre moral. Limitez ce que vous faites entrer dans votre esprit et ne gaspillez pas de temps à regarder le courrier électronique indésirable ou les messages publicitaires télévisés. Tout ceci remplit votre cerveau d'informations inutiles, encombrant l'espace qui autrement pourrait être utilisé pour réaliser vos rêves.

Nourrissez votre âme en vous entourant de gens, d'endroits et de choses que vous aimez. Créez un sanctuaire dans votre maison, un endroit où vous vous sentez détendu, régénéré, et paisible. Accrochez des photographies ou des poèmes qui vous inspirent et faites jouer de la musique inspirante et sentimentale. Le chapitre 6 abordera avec plus de détails la façon de vous connecter avec votre esprit et de nourrir votre âme.

Où se trouve le déséquilibre dans votre vie? Comment nourrissez-vous votre corps, votre esprit et votre âme? Peut-être passez-vous trop de temps à travailler et pas assez avec votre famille ou à faire de l'exercice, ou à prendre soin de votre santé. Sans votre santé, plus rien ne compte!

Comment nourrissez-vous votre âme? Quelle est la qualité de l'information à laquelle accède votre esprit?

Prenez le temps d'évaluer les domaines importants de votre vie et de dresser un plan d'action pour créer un équilibre sain. Par exemple, quittez le travail une demi-heure plus tôt pour faire de l'exercice, réduisez le café pour n'en prendre qu'une seule tasse par jour, ou passez au décaféiné ; dressez un tableau de vos repas pendant une semaine entière et évaluez les façons de diminuer les aliments préparés et d'ajouter plus de fruits frais et de légumes ; au lieu de regarder les nouvelles avant d'aller au lit, lisez un livre inspirant.

Ralentissez. Fermez votre téléviseur, votre ordinateur et votre téléphone cellulaire. Contemplez le lever du soleil, allez faire une balade avec vos êtres chers, passez du temps dans la nature, suivez un cours de danse ou faites du bénévolat. Ayez des conversations intimes avec votre partenaire. Lisez un bon livre, jouez à des jeux, peignez une toile, écrivez un livre — poursuivez vos rêves. Demandez-vous : « Si j'étais sur mon lit de mort, est-ce que je regretterais d'avoir manqué un épisode de *Beautés désespérées*, ou plutôt le temps que je n'ai pas passé à réaliser mes désirs les plus profonds ? » Quels sont vos rêves non réalisés ? Prenez dès maintenant des mesures pour participer pleinement à votre vie afin de pouvoir réaliser vos rêves.

En vous éveillant et en prenant des décisions conscientes sur la façon dont vous dépensez votre temps et votre énergie, vous prenez la barre en main, et vous êtes capable de lever l'ancre, de hisser les voiles et d'entreprendre une traversée sécuritaire pour vivre une vie remplie de sens.

Exercices

1. Calculez le nombre d'heures par semaine que vous passez à regarder la télévision. Créez une « diète télévision » en vous donnant la permission de regarder une certaine quantité d'émissions par jour ou par semaine, ou seulement des émissions déterminées qui concernent des domaines qui vous intéressent. Puis respectez votre nouvelle diète. En même temps que vous réduisez la somme de temps passé devant la télévision, remarquez comment vous vous sentez. Vous sentez-vous plus vivant ? Avec le temps que vous auriez passé à regarder la télévision, inscrivez-vous dans une équipe de sport récréatif, suivez un cours, recevez une amie à souper, jouez à des jeux avec votre partenaire, lisez des livres ou allez faire une promenade. Soyez créatif et essayez quelque chose que vous avez toujours voulu faire.

2. Établissez des limites précises avec votre téléphone cellulaire, selon vos besoins, vos valeurs et vos priorités. Par exemple, entraînez-vous à le fermer pendant que vous conduisez ou quand vous avez une conversation en tête à tête avec quelqu'un. Essayez de voir si vous êtes capable d'être plus détendu et présent.

3. Notez combien de temps vous avez passé sur l'Internet à vérifier vos courriels, à surfer sur les sites, à jouer à des jeux et ainsi de suite. Notez-le tous les jours pendant une semaine. Portez attention à la quantité de temps qui file. Créez des limites sur la quantité de temps passé à vérifier les courriels et à surfer sur l'Internet.

4. Si vous luttez contre une dépendance, songez à demander de l'aide. Joignez-vous à un groupe de soutien, travaillez

avec un thérapeute réputé ou un hypnothérapeute, et informez-vous autant que possible sur votre dépendance particulière et sur les méthodes de traitement les plus efficaces. Selon la gravité de votre dépendance, peut-être pourrez-vous bénéficier de traitements couverts par vos assurances.

5. Sur une feuille, dressez trois colonnes intitulées « Corps », « Esprit » et « Âme ». Dans chaque colonne, écrivez toutes les choses positives que vous faites pour nourrir chacun de ces éléments dans votre vie. Chaque jour, trouvez un défi à ajouter à votre liste. Demandez-vous ce que vous pouvez faire pour créer un style de vie plus sain et mieux équilibré. Méditez et écrivez dans votre journal pour obtenir plus de clarté.

Méditation guidée

Cette méditation est destinée à vous aider à rester immobile, sans distractions, et pour clarifier les façons par lesquelles vous pouvez participer plus pleinement à votre vie.

Asseyez-vous confortablement sur une chaise ou croisez les jambes en vous assoyant sur un coussin sur le plancher, le dos bien droit et les mains reposant sur vos genoux. Commencez à concentrer votre attention vers l'intérieur de votre être. Observez votre respiration et voyez à ce qu'elle devienne de plus en plus profonde. Créez un flot rythmique en espaçant également chaque inspiration et chaque expiration. Lorsque vous commencez à vous détendre, notez toutes les régions de votre corps où vous ressentez de la tension ou de l'inconfort, et envoyez votre respiration vers ces endroits en permettant ainsi à la tension de s'apaiser et de se relâcher. Ensuite, notez la qualité de vos pensées. Essayez d'immobi-

liser votre esprit pendant que vous êtes paisiblement assis dans un état silencieux de conscience.

Imaginez que vous êtes seul sur un voilier. C'est une journée magnifique et ensoleillée avec de légers vents et une faible houle. Vous avez planifié un trajet pour la destination désirée et le pilote automatique s'occupe de diriger la barre, vous êtes donc étendu sur le cockpit et vous vous prélassez dans la chaleur du Soleil. Prenez une profonde respiration et soupirez en expirant. Le soleil darde ses rayons, détendant votre corps pendant que vous vous enfoncez encore plus profondément sur les coussins du cockpit. Faites l'expérience du léger roulis du bateau alors qu'il vogue sur les vagues, le vent soulevant les voiles, vous propulsant vers l'avant. Écoutez le son du gargouillis de l'eau qui éclabousse la coque. Observez le ciel avec ses oiseaux et ses nuages. Sans distractions comme la télévision, le cellulaire ou l'ordinateur, vous êtes libre de simplement être. Détendez-vous et ressentez la félicité de l'immobilité et du moment présent.

Imaginez-vous en parfaite santé — fort, entier et rempli de vitalité. Si vous ressentez de la tension, de l'inconfort ou un malaise dans votre corps, remarquez que cette sensation disparaît avec chaque respiration. Sentez la légèreté de votre être. Voyez-vous en train de consommer des aliments sains et de faire régulièrement de l'exercice. Votre humeur est merveilleuse et vous vous sentez vraiment bien par rapport à vous-même parce que vous avez choisi un style de vie complètement équilibré et libéré du stress.

Visualisez-vous en train de participer totalement à la vie. À quoi cela ressemble-t-il ? Vous engagez-vous avec des gens que vous aimez, de même que dans votre communauté. Voyagez-vous ou participez-vous à des activités amusantes ? Quelles sont les choses que vous avez toujours rêvé de faire ? Imaginez-vous en train de les accomplir maintenant. Prenez un moment pour *faire une pause et imaginez les détails. Remarquez comment vous vous sentez. Êtes-vous plus présent ? Vous sentez-vous vivant, éveillé et concentré ? Prenez le temps de bien absorber cette vision impressionnante... et sachez que vous êtes en train de voguer sur l'océan de vos rêves.*

Lorsque vous aurez l'impression d'avoir complété l'expérience, revenez lentement et doucement dans la pièce et ouvrez les yeux. Notez votre expérience et toutes les nouvelles pensées qui ont émergé en vous. Comment pouvez-vous participer plus pleinement à votre vie ?

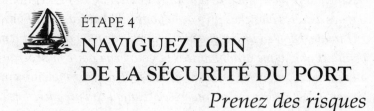

ÉTAPE 4
NAVIGUEZ LOIN
DE LA SÉCURITÉ DU PORT
Prenez des risques

Dans vingt ans, vous serez plus déçu de ce que vous n'avez pas fait que de ce que vous avez accompli. Alors, débarrassez-vous de vos liens. Naviguez loin de la sécurité du port. Laissez les vents porteurs gonfler vos voiles. Explorez. Rêvez. Découvrez.

— MARK TWAIN

Le 21 août 1998. *Naviguant de Fiji à Vanuatu, je suis seule pendant mon quart de 2 h 30. À l'extérieur, à l'exception des vagues à crêtes blanches près de la poupe du bateau, c'est l'obscurité totale. Mon cœur bat et chaque muscle de mon corps est tendu pendant que je me cramponne à la gouverne pour m'arc-bouter alors que les vagues soulèvent et laissent tomber violemment le bateau. C'est ma première traversée océanique, la première fois que je suis tellement loin de la terre qu'on ne peut même pas l'apercevoir, et ma première tempête en mer. Malgré ma peur, je me sens euphorique et excitée par la force du vent et des vagues.*

Quittez votre zone de confort

Naviguer loin de la sécurité du port, c'est quitter la zone de confort de notre vie, s'aventurer dans l'inconnu sur des eaux troubles — et prendre des risques. Lorsque John et moi avons quitté Seattle pour poursuivre nos rêves et entreprendre un voyage outremer, nous avons rencontré plusieurs tempêtes. Avec chaque tempête, nous étions anxieux, mais aussi, nous ne nous étions jamais sentis aussi vivants. Être témoin du pouvoir de la nature et de l'océan était une expérience impressionnante, et nous vivions un incroyable sentiment d'accomplissement en arrivant sans dommages sur l'autre rive. Même si nous avions pris les précautions appropriées, comme vérifier les bulletins météorologiques avant de partir pour notre destination, nous harnacher quand les mers étaient houleuses et voyager durant la période la plus sûre de l'année, mais on ne pouvait éviter les cycles de tempête.

Lorsque nous abandonnons notre zone de confort, nous sommes capables de nous lancer et de recréer notre vie d'après ce que nous sentons être juste et bon pour nous. Les nouvelles expériences nous égaient et nous éveillent, donnent plus d'intensité à nos sens et stimulent nos passions. C'est pour cette raison que la plupart des gens incluent le projet de voyager dans leur liste de choses à faire avant de mourir. Si j'ai tant adoré partir en croisière, c'est qu'ainsi j'ai pu voir des choses que les touristes ne voient pas autrement — une île où personne n'a mis les pieds, les dragons Komodo dans leur habitat naturel, des villages où les habitants vivent en harmonie avec la terre. J'ai pu sortir des sentiers battus et faire l'expérience de choses totalement nouvelles et excitantes et passer du temps avec des gens de cultures et de contextes différents, et tout cela a stimulé ma créativité. Mon esprit s'est avivé.

Lorsque nous nous plaçons intentionnellement dans de nouvelles circonstances, au début, nous éprouvons des sentiments d'inconfort, mais cette démarche se transforme en croissance personnelle et en une vie plus riche. Par exemple, pendant notre voyage, John et moi n'étions pas toujours au courant du protocole de ces cultures que nous visitions ou de l'endroit où nous nous rendions. Mais en observant le mode de vie des autres, nous avons appris des leçons précieuses qui ont changé notre vie; l'inconfort en a donc valu la peine. Et si nous nous perdions, nous demandions le chemin. Parfois, le simple fait de se perdre devenait la moitié du plaisir!

Que ce soit l'exploration d'un nouveau voisinage, d'un voyage à l'autre bout du monde, ou de l'audace de parler à quelqu'un de vos sentiments; naviguez loin de la sécurité du port et prenez des risques. Comme le voilier a été construit pour quitter le port, vous avez été fait pour créer, explorer, et vivre la vie à son meilleur. Si vous demeurez dans la sécurité et le confort, vous ne saurez jamais ce qui aurait pu arriver — et vous pourriez regretter ne pas avoir tenté de le découvrir.

Libérez-vous de vos croyances limitatives

Les croyances limitatives nous empêchent de prendre des risques et de viser haut, de réaliser notre potentiel et de vivre pleinement et passionnément. Elles nous empêchent d'avancer et de réaliser nos rêves.

Quelles sont ces croyances limitatives ? Ce sont des croyances qui ont été programmées en nous pour créer des pensées ou des modèles de comportement négatifs ou contraignants, et cela remonte souvent à notre jeunesse. Ces croyances nous ont été transmises par nos familles depuis des générations : « Les enfants, on devrait les voir et ne pas les entendre. » La conséquence d'une telle croyance en bas âge peut finir par produire une autre croyance limitative : « Si je dis ce que je pense, je serai puni. » Le modèle de comportement qui en résulte est la *passivité*, l'incapacité de nous défendre ou d'avoir confiance en nous.

Les croyances limitatives nous sont aussi transmises par nos cultures — dans un temps et un espace donnés par rapport aux événements, comme le contexte économique — ou par nos circonstances en général. Par exemple, il se peut que la croyance « Il n'y a pas assez de travail (ou d'argent, et ainsi de suite), il vous faut donc thésauriser vos biens » ait eu sa raison d'être durant la Grande Dépression des années 1930, mais aujourd'hui elle nous limite. Il y a aussi nos croyances personnelles qui créent des croyances limitatives. Par exemple, si vous êtes sorti blessé d'une relation amou-

reuse, vous croirez peut-être : « Toutes les relations amou-
reuses finissent par nous blesser. »

Étant donné que nos croyances créent nos pensées et que
nos pensées influencent nos comportements et attirent
nos expériences, nous devons modifier nos croyances afin
de créer des expériences positives. Par exemple, si votre
croyance limitative vous dit : « Je ne suis pas assez bon », il
sera alors difficile pour vous d'attirer l'abondance dans tous
les domaines de votre vie. Vous vous comporterez aussi de
manière à renforcer votre croyance négative. Mais une
croyance comme « Je mérite tout à fait de recevoir du bien
dans ma vie » attirera des expériences merveilleuses et
remplies de joie. Notre subconscient suit toujours les
instructions de nos croyances et tente de les concrétiser ; il
est donc impératif d'être diligents au sujet de nos croyances.

À mesure que nous grandissons et que nous évoluons,
nous devons dépoussiérer nos systèmes de croyances afin
qu'ils nous soutiennent au lieu de nous restreindre. Nous
devons reprogrammer nos cerveaux avec de nouvelles
croyances constructives et de nouveaux modèles de pensée.
Ce processus commence par la conscience. Il peut être utile
d'explorer vos croyances pour chaque domaine de votre vie,
comme les relations, l'argent et la carrière. Prenez quelques
feuilles de papier et en haut de chacune, écrivez : « Mes
croyances limitatives sur les relations sont... » ou « Mes
croyances limitatives sur l'argent sont... » Puis créez une
liste pour chaque domaine, en ajoutant une colonne à
gauche. Examinez les endroits où vous vous sentez coincé.
Peut-être n'attirez-vous pas le type de relations que vous
souhaitez. Explorez ce que sont vos croyances par rapport
à vos relations. Avez-vous l'impression de mériter d'être

heureux dans une relation ? Vous limitez-vous par rapport à la quantité d'amour ou de joie que vous devriez vivre parce que vous croyez ne pas les mériter ? À mesure que vous identifiez les croyances inutiles, écrivez dans la colonne de droite celles par lesquelles vous voudriez les remplacer, comme « Je mérite de recevoir de l'amour en abondance. » Notez aussi ces nouvelles croyances sur une fiche et placez-la à un endroit bien visible pour permettre à votre subconscient de travailler à la transformation de ces croyances.

Les croyances limitatives créent de la peur et de la constriction. Elles nous éloignent de l'expérience de l'amour, de la joie et de l'abondance. Lorsque nous nous libérons de ces chaînes, nous exploitons la source universelle des possibilités infinies — l'endroit où naissent les miracles.

Transformez la peur

Tout comme les croyances limitatives, nos peurs, lorsque nous les laissons dans l'inconscient, nous paralysent et nous empêchent de prendre des risques. Au moment où nous commençons à vivre une vie authentique et remplie de sens, il est courant de voir nos peurs les plus profondes entrer en action. Par exemple, quand j'ai commencé à écrire pour être publiée, j'ai dû faire face à la peur d'être jugée. Qu'arrivera-t-il si les gens n'aiment pas ce que j'ai écrit ou s'ils me jugent personnellement ? Après avoir fait face à mes peurs et m'être permis de me faire connaître par mes écrits, je me suis rendu compte que je ne mourrais pas si j'étais rejetée, et ma peur s'est évanouie.

Outre la peur commune de l'échec, il y a aussi la peur du succès et de toutes les responsabilités qui l'accompagnent, étant donné que plus de gens nous observent et comptent sur nous, que nous avons moins de temps pour prendre soin de nous-mêmes, et moins de temps à passer avec des êtres chers. Peut-être craignons-nous aussi d'abandonner les personnes que nous aimons dans le sillage de notre réussite, et de nous trouver « seuls au sommet ».

La peur du pouvoir ressemble à la peur du succès. Dans son livre *Un retour à l'amour*, Marianne Williamson a écrit : « Notre plus grande peur, ce n'est pas d'être inadéquats. Notre plus grande peur, c'est d'avoir du pouvoir démesurément. C'est notre lumière, et non notre obscurité, qui nous effraie le plus. » Nous craignons la lumière surtout parce que nous craignons la mort. La vie de Jésus en est un bon exemple. Ayant manifesté son pouvoir et sa lumière, il a par conséquent été crucifié pour s'être investi dans une vie qui respectait sa raison d'être et pour avoir révélé la vérité. Si nous reconnaissons notre pouvoir et que nous vivons de façon authentique, alors nous nous trouvons dans un faisceau de lumière. Non seulement risquons-nous d'être jugés, mais à une certaine époque, on tuait à cause de cela. Évidemment, il s'agit d'une peur inconsciente qui ne s'applique plus aujourd'hui, mais qui a toujours du pouvoir sur nous si nous ne la comprenons pas.

Lorsque nous arrivons à comprendre que nous ne mourrons pas ou que nous ne serons pas anéantis si nous sommes brillants, alors nous sommes libres de *vraiment* vivre. De plus, nous devons savoir que la mort n'est pas la fin, mais plutôt une partie du cycle de création de la vie. Lorsque nous acceptons ce fait, nous sommes capables de sortir du champ des limites que nous nous sommes imposées et de poursuivre nos rêves.

À l'âge de quarante et un ans, ma mère était seule avec son père lorsqu'il est mort d'une pneumonie après avoir été hospitalisé pour une tumeur cancéreuse au cerveau. Elle nous a raconté : « C'était une expérience tellement paisible. Depuis ce temps, je n'ai plus peur de la mort. » Par conséquent, ma mère est une personne qui ne craint pas de vivre et d'expérimenter ce que la vie a à offrir.

Au moment où vous commencez à vivre plus authentiquement et à naviguer sur des eaux inexplorées, vos peurs feront naturellement surface comme des récifs, créant des obstacles. Lorsqu'elles se manifestent et menacent votre voyage, traitez-vous avec une grande compassion et souvenez-vous de respirer. Continuez à avancer, sachant que vous êtes entièrement soutenu, et demandez-vous : « Quelle est la pire chose qui peut m'arriver ? » Plus nous faisons face à nos peurs et naviguons en les dépassant, plus nous devenons forts et plus nous sommes en mesure d'affronter le prochain défi ou la prochaine peur qui se présente.

Lorsqu'elle ne nous immobilise pas, la peur peut être saine, puisqu'elle nous motive à avancer et à prendre des risques. Peut-être nous dit-elle aussi : « Arrête ! Ne fais pas cette chose. » Nous devons écouter avec attention ses conseils : est-ce un obstacle sur lequel nous devons travailler, ou bien nous dirigeons-nous vers des eaux dangereuses ?

Lorsque nous nous préparions à quitter Seattle, je faisais des cauchemars au sujet des raz-de-marée et je ressentais des symptômes d'anxiété, comme de la difficulté, à dormir, les épaules tendues, l'estomac dérangé, et des problèmes de concentration. En écoutant mon corps, je me suis rendu compte que ma peur se rapportait au changement imminent. Comme il est important de naviguer avec prudence à travers un récif corallien, il me fallait respecter mon corps et prendre le temps nécessaire pour vivre le processus.

Dans son livre *Callings*, Gregg Levoy parle de notre résistance au changement. Il explique que nous répugnons naturellement à quitter le statu quo, étant donné que nous passons des années à investir dans l'apprentissage de nos habiletés de travail, ou dans des relations où nous avons investi de l'énergie. Comme résultat, nous résistons à lâcher prise, surtout lorsque rien ne nous garantit que le changement sera pour le mieux.

Même si la résistance est inconfortable et peut nous empêcher d'avancer, Levoy écrit : « La résistance est aussi de bon augure. Elle signifie que vous vous approchez de quelque chose d'important, quelque chose de vital pour le travail de votre âme ici-bas, quelque chose qui est à votre hauteur. »

Parmi les signes de résistance, il y a le fait d'attendre le bon moment, de se saboter soi-même, de se distraire avec d'autres activités, et de chercher des excuses comme : « Je n'ai pas assez de temps ou d'argent. » Si vous éprouvez de la résistance quand vous poursuivez vos rêves, demandez-vous quel est le but de cette résistance. Craignez-vous d'être en vue et qu'ainsi l'on vous juge ? Craignez-vous votre propre lumière et avez-vous peur de connaître le succès ? Qu'aurez-vous à abandonner, affronter, ou changer ?

La cérémonie du feu est un outil puissant pour libérer et transformer l'énergie de la peur. Commencez par noter vos peurs sur une feuille de papier. Il peut être utile de commencer par écrire dans votre journal pour obtenir plus de clarté. Puis, entamez la cérémonie en établissant vos intentions par la prière et la méditation, ou en développant un rituel significatif. Clarifiez bien ce par quoi vous voulez remplacer votre peur ; par exemple, par de l'amour, de la joie ou de la confiance. Jetez votre papier dans le feu, ou soufflez l'énergie de vos peurs dans un petit bâton et jetez-le dans le feu. Il est question d'établir vos intentions, soyez donc créatif. Une cérémonie de cette nature est plus puissante lorsqu'on la célèbre pendant une nouvelle lune ou une pleine lune et en compagnie d'un groupe de personnes.

L'opposé de l'amour, la peur, est une croyance en notre séparation d'avec Dieu, de la Source, de la Vie. Comme Dieu est amour et que nous sommes faits d'amour, nous formons un avec Dieu, la peur n'est vraiment qu'une illusion, quelque chose que nous avons appris en chemin pendant que nous jouions le jeu de la dualité. Par conséquent, c'est quelque chose que nous sommes capables de désapprendre.

Exprimez-vous dans vos relations

L'un des endroits où il nous est le plus difficile de prendre des risques, c'est dans nos relations. Si nous le faisons, nous avons l'occasion d'en expérimenter leur profondeur et leur raison d'être. Mais souvent, par crainte d'abandon, de rejet ou de perte, nous sommes trop effrayés pour aimer profondément. Nous craignons d'être seuls dans ce monde, nous nous retenons donc de nous exprimer honnêtement et ouvertement. Cette attitude ne fait que perpétuer notre peur et nous demeurons isolés et seuls. Étant donné que nous sommes faits pour être en relation les uns avec les autres — pour nous connecter, travailler et établir des rapports de camaraderie et d'amitié avec d'autres —, nous devons risquer de nous faire connaître, même si en fin de compte nous sommes rejetés ou abandonnés, ou que l'autre personne mourra un jour. Il vaut vraiment la peine de prendre le risque de vivre l'amour.

Si vous éprouvez des sentiments de colère, de peine ou de ressentiment dans n'importe laquelle de vos relations, prenez un risque et parlez-en à la personne, s'il n'est pas hasardeux de le faire. Mais avant d'agir, essayez de comprendre le rôle que vous avez joué dans les événements. Une relation est dynamique, et l'autre personne est souvent un miroir qui reflète vos propres problèmes et vos propres insécurités. Assurez-vous donc de ne pas critiquer l'autre personne et de *toujours* reconnaître la part dont vous êtes responsable. En utilisant des affirmations qui utilisent le «je», comme «Je suis inquiet quand tu reviens tard à la maison sans téléphoner», vous serez en mesure de reconnaître votre responsabilité dans le différend, et de faire en sorte que la conversation soit constructive. Si vous attaquez l'autre personne en hurlant ou en disant : «Tu es toujours en retard», elle se placera probablement sur la défensive et criera à son tour, accentuant ainsi le conflit. En fin de compte, la colère augmentera et rien ne sera résolu. En reconnaissant votre responsabilité dans la façon dont vous vous exprimez, vous donnez à la relation la chance de grandir et de devenir plus intime.

Si vous éprouvez des sentiments non exprimés pour quelqu'un, prenez le risque de les partager avec cette personne. Par exemple, disons que vous étiez attiré par une personne à l'école secondaire, mais que vous n'avez jamais rien dit — vous finissez par apprendre à votre réunion des retrouvailles, vingt ans après, que cette personne était aussi attirée par vous. Qu'aurait-il pu se passer ? Qu'est-ce qui aurait été différent dans votre vie ? Vous n'êtes plus au secondaire. Parlez franchement! Qu'avez-vous à perdre ?

Lorsque mon père a été hospitalisé parce qu'il était atteint d'un cancer, ma famille et moi lui rendions visite chaque jour. En quittant la chambre, nous lui disions fréquemment que nous l'aimions. Étant un individu peu bavard et réservé, il avait de la difficulté à exprimer ses propres sentiments. Mais à un moment donné, il a répondu qu'il nous aimait tous aussi, puis il a déclaré : «Nous aurions dû nous le dire plus souvent.» À présent, je me demande combien de choses n'ont pas été exprimées pendant toutes ces années.

Examinez vos relations. Êtes-vous ouvert, honnête et vulnérable autour des gens qui sont importants pour vous ? Où vous retenez-vous ? Éprouvez-vous des sentiments amoureux non exprimés pour quelqu'un ? Existe-t-il une personne pour laquelle vous éprouvez de la colère ? Cessez de vous cacher derrière votre jeu et mettez-y du vôtre. N'attendez pas le prochain désastre naturel ou que vos êtres chers soient sur leur lit de mort pour parler avec votre cœur. Vous en serez récompensé en vivant une vie plus riche de sens.

Sachez que vous êtes une personne de valeur

Non seulement faut-il du courage, mais aussi de l'estime de soi pour prendre des risques. Les gens peu sûrs d'eux ont de la difficulté à sortir de leur zone de confort. Au lieu d'affronter leurs peurs, ils décident : «C'est ce que j'aime» ou «C'est ce que je veux» et ils se convainquent qu'ils sont heureux ainsi. Dans ce processus, ils se ferment par rapport à la façon dont la vie *devrait* être vécue, étant donné que ce manque d'ouverture leur procure un plus grand sentiment de sécurité. Ils finissent par vivre enfermés dans des limites qu'ils se sont eux-mêmes imposées.

Il est impératif de savoir que nous avons de la valeur si nous voulons créer une vie significative qui inclut nos rêves les plus profonds. Si nous transmettons à l'Univers le message que nous ne méritons pas de recevoir notre plus grand bien, alors nous ne l'attirerons pas. *Demandez et vous recevrez*. Esther et Jerry Hicks parlent de la Loi de l'attraction qui dit : «Les choses qui se ressemblent s'attirent.» L'énergie derrière nos pensées, croyances et sentiments sur nous-mêmes attirera des expériences vitales d'énergie semblable à celle que nous projetons. Donc si nous jugeons et si nous sommes négatifs, nous attirerons des gens qui nous jugent et des expériences négatives. Si nous sommes aimants et positifs, nous attirerons des gens aimants et des expériences positives.

Sentir que nous sommes méritants, c'est être capable de demander ce que nous voulons, de l'attirer vers nous, puis de le recevoir. Nous connaissons tous l'importance du don, mais si nous ne recevons pas, nous n'aurons rien à donner. Par conséquent, il est important de nous engager consciemment dans l'acte de recevoir. Dans *The Tao of Abundance*, Laurence Boldt suggère que l'acte de recevoir est un acte intentionnel. Boldt écrit : «Si nous voulons recevoir, nous devons vouloir recevoir, autrement dit, nous devons avoir l'intention de recevoir. Cette intention implique autant la croyance en notre mérite de recevoir qu'en l'action de recevoir.» Un moyen actif de démontrer votre intention et votre volonté de recevoir est de poser vos mains sur vos genoux, les paumes ouvertes, vers le haut, lorsque vous votre volonté de recevoir est de poser vos mains sur vos genoux, les paumes ouvertes, vers le haut, lorsque vous priez ou méditez.

Nous méritons tous de nous sentir bien et d'être heureux. Étant donné que nous sommes créés de la même Source de tout ce qui est bon, nous pouvons tous y accéder directement. Ce bien-être est également disponible pour tous à n'importe quel moment, et non simplement pour quelques individus privilégiés. Lorsque nous nous sentons méritants, nous nous permettons de recevoir de cette Source d'amour, d'abondance et de bien-être.

Avez-vous l'impression que vous méritez de recevoir de l'abondance et de manifester vos rêves et vos désirs les plus profonds? Sinon, vous devrez apprendre comment vous aimer et vous respecter encore plus. Les exercices suivants peuvent vous y aider :

- Effectuez cinq choses aimables pour vous-même chaque jour, comme manger un repas santé, faire une promenade, prendre un bain, porter quelque chose que vous aimez, ou vous coucher plus tôt. Notez-les dans un journal intitulé «délicatesses envers moi-même» pour en conserver la trace.
- Réservez-vous du temps personnel pour faire quelque chose que vous aimez, comme lire, écrire, peindre ou faire de l'exercice, même si ce n'est que pendant dix à vingt minutes.
- Par la prière, la méditation et l'écriture d'un journal, prenez le temps de clarifier vos besoins.

- Offrez-vous une sortie spéciale une fois par semaine, allez au cinéma, à une galerie d'art ou à votre restaurant préféré.
- Établissez des limites par rapport à votre temps et à votre énergie selon vos priorités, et refusez les activités qui ne vous inspirent pas.
- Dites ou écrivez l'affirmation suivante : «Je suis aimable, acceptable, entier et complet tel que je suis.»
- Ayez de l'assurance, demandez de l'aide et acceptez-la. Vous méritez tout le soutien dont vous avez besoin.

Tout en vous aimant et en vous respectant, soyez indulgent et compatissant lorsque vous faites une erreur. Au lieu de vous juger ou de vous culpabiliser lorsque vous commettez un geste qui vous rend malheureux — comme avaler un paquet de biscuits —, reconnaissez vos sentiments, laissez aller le passé, et effectuez de nouveaux choix. À chaque moment de notre existence, nous avons l'occasion d'effectuer des choix différents, des choix plus sains. Donc, dites-vous : «Je suis en mesure d'effectuer de nouveaux choix dans ce moment nouveau.»

Commencez par remarquer la façon dont vous vous parlez. À quoi ressemble votre dialogue intérieur ? Êtes-vous aimant et compatissant ou vous jugez-vous en étant sévère avec vous-même? Vous sentez-vous fréquemment coupable? La culpabilité et l'autocritique nous tourmentent et nous portent à nous sentir mal, et lorsque nous ne sommes pas heureux avec nous-mêmes, nous continuons souvent à effectuer des choix qui nous rendent malheureux. Si vous travaillez à modifier vos pensées, vos actions deviendront plus aimantes et compatissantes. De même, si vous modifiez vos actions pour être plus aimant envers vous-même — comme vous le ferez en pratiquant les exercices ci-dessus —, alors vos pensées finiront aussi par se transformer. Vous convaincrez votre esprit que vous êtes une personne méritante.

Alors que vous apprenez à vous aimer et à vous respecter, votre estime de vous-même et votre confiance s'accroîtront, vous posséderez plus de courage pour poursuivre vos rêves, et vous aurez l'impression de mériter tout le bien qui vous est disponible.

Choisissez de prendre des risques

Chaque jour, des choix se présentent à nous. Nous avons le choix entre prendre des risques et ne pas en prendre ; entre nous lever et ne pas nous lever le matin pour aller travailler ; entre quoi dire et ne pas dire aux gens que nous rencontrons pendant notre journée. Nous avons aussi des choix qui se rapportent à nos pensées ou à notre attitude envers la vie. Les gens hésitent souvent à faire des choix parce qu'ils craignent de faire les mauvais choix. Mais en choisissant consciemment, nous sommes en mesure de refaire nos choix.

Julie était analyste des systèmes de gestion dans la même entreprise depuis treize ans et demi. Pendant tout ce temps, elle savait que ce travail n'était pas un bon choix pour elle. Elle a confié : « Mon cœur n'y était pas. Je me sentais un peu morte à l'intérieur. » Julie est demeurée dans cet emploi parce que, comme elle le disait : « C'était la solution la plus facile et je ne savais pas quoi faire d'autre. » Elle craignait d'effectuer un mauvais choix.

La perte de sa sécurité financière était sa plus grande peur. Elle se demandait : « Si je pars, d'où viendra l'argent ? » Elle avait aussi des pensées comme : « Qui penses-tu être

pour prendre des congés et ne pas avoir de revenus ? »
Sa famille lui avait inculqué des croyances limitatives sur
l'importance d'avoir un emploi sûr. On ne lui avait pas
enseigné qu'elle pouvait créer sa propre vie en faisant ce
qu'elle aime.

Après avoir été encouragée à le faire par ses amis et sa
propre guidance intérieure, Julie a finalement rassemblé
le courage nécessaire pour quitter son emploi. Un soir, alors
qu'elle participait à une fête, elle s'est plainte de son travail,
et un ami de longue date lui a dit : « Ça fait douze ans que
tu dis la même chose ! » Cette expérience lui a ouvert les
yeux, elle a donc cessé de se plaindre et elle a décidé de
poser des gestes.

Elle a aussi participé à un atelier au cours duquel elle a
reçu de l'inspiration pendant une séance de méditation. « J'ai
eu une vision où je tombais et où des mains me rattrapaient.
Je n'étais pas effrayée et j'ai ressenti cette sensation de
confiance. J'avais ce sentiment débordant que je devais
d'abord quitter mon emploi afin de pouvoir découvrir ce
qu'il me fallait faire ensuite. » En partageant sa vision avec
des amis, elle a confirmé ce que sa guidance intérieure lui
communiquait.

Finalement, à son trente-neuvième anniversaire, elle
s'est rendu compte qu'elle avait passé un tiers de sa vie à
être insatisfaite de son travail. Julie s'est posé la question.
« Qu'arriverait-il si j'étais sur le point de mourir ? » Le processus a pris du temps, comme un voilier louvoyant contre
le vent, mais elle a fini par prendre un risque malgré ses
peurs.

Julie s'attendait à ce que le plus grand obstacle soit de
quitter son travail, mais maintenant, elle rencontre encore

plus de peurs alors qu'elle doit affronter l'inconnu. Elle a confié : « C'est comme si j'avais besoin de traverser ce processus d'initiation. » Mais en suivant son cœur et en traitant ses peurs, sa confiance et son estime de soi continuent à grandir, et elle est capable d'avancer dans une direction positive.

Certains outils lui ont été utiles durant cette période d'incertitude : tenir un journal pour clarifier ses idées, s'ouvrir à ce que lui présente la vie, parler à des amis, suivre des cours et participer à des ateliers. Julie a expliqué : « Ce processus est différent pour chaque personne, mais les réponses sont toujours à l'intérieur. »

Susie, la propriétaire du magasin de produits diététiques dont j'ai parlé dans l'étape 1, a discuté de ce à quoi cela ressemblait pour elle, en tant qu'enseignante, de quitter le navire pour ouvrir son magasin. « Dans ce processus, chaque étape était effrayante, parce que j'ignorais ce que je faisais. Tout était nouveau pour moi. » Mais malgré ses peurs et les peurs des autres — plusieurs personnes la décourageaient de quitter la sécurité de son poste d'enseignante —, elle a foncé, sachant qu'elle était sur le bon chemin et qu'elle était en train de réaliser sa destinée.

Un an et demi plus tard, Susie a pris un autre grand risque en déménageant sa boutique dans un local plus grand, même si elle n'avait pas les ressources nécessaires pour cette expansion. Elle a confié : « Pendant tout ce temps, c'est dans ce local que je voyais mon commerce, donc quand l'occasion s'est présentée de déménager dans l'autre immeuble, je savais que c'était l'endroit idéal, même si j'ignorais comment j'arriverais à m'en sortir. »

Susie a expliqué que ses obligations financières augmentaient puisqu'elle avait signé un bail avec option d'achat de cet immeuble dans cinq ans. Elle ne sait pas encore si son entreprise grandira assez pour soutenir cette nouvelle contrainte. En riant, elle a ajouté : « Maintenant il y a encore plus d'argent en jeu. »

Lorsqu'on lui a demandé de quelle façon elle s'y prenait pour traiter ses peurs face à l'agrandissement du magasin, elle a répondu d'un ton détendu : « J'ai beaucoup plus lâché prise cette fois-ci et j'étais ouverte à l'idée que la vision se réaliserait d'elle-même. De plus, j'ai regardé les choses plus objectivement et je ne me suis pas engagée émotionnellement par rapport à mes attentes. Je me suis dit : "Ce sera intéressant de voir comment les choses se développent." En étant ouverte au résultat, la vision a eu la chance de se manifester sans que j'aie à intervenir. »

Confidentiellement, Susie m'a fait remarquer : « Au bout du compte, je suis très heureuse des choix que j'ai effectués, même s'ils sont effrayants. »

Lorsque vous vous aventurez dans des eaux inexplorées, vous ne savez jamais ce que vous obtiendrez — un ciel clair, bleu, ensoleillé ou un temps orageux —, mais sans un certain élément de risque ou d'inconfort, l'aventure — de la *vraie* vie — est impossible.

Dans quelle partie de votre vie, jouez-vous la sécurité ? Est-ce dans votre travail, dans vos relations, ou dans vos efforts créatifs ? Songez au risque de vivre une vie non satisfaisante, de ne pas exploiter vos qualités les plus importantes, de ne pas réaliser vos rêves ou votre raison d'être. Le coût n'en est-il pas trop élevé ? Vous n'avez qu'une chance dans cette vie. Pourquoi ne pas en bénéficier le plus possible en prenant des risques maintenant? N'attendez pas qu'il soit trop tard!

Exercices

1. Quelles sont vos croyances limitatives? Vous paralysent-elles et vous empêchent d'avancer? Exprimez vos pensées dans votre journal et expliquez. Examinez les différents secteurs de votre vie, comme les finances, la santé, les relations et la carrière, et créez une liste de vos croyances limitatives dans chaque domaine. À côté de chacune de ces croyances, créez une affirmation ou une nouvelle croyance pour remplacer l'ancienne. Choisissez vos trois affirmations les plus importantes et notez-les sur des fiches. Placez-les dans un endroit où vous pouvez les voir régulièrement pour vous aider à reprogrammer votre cerveau.

2. Notez les coûts et les bénéfices se rapportant à la concrétisation d'un rêve particulier. Quel geste particulier pouvez-vous exécuter pour avancer? Maintenant, dressez la liste de ce qui vous arrête, incluant toutes vos raisons et vos excuses. Qu'aurez-vous à abandonner, affronter ou changer? Que risquerez-vous (échouer, avoir l'air ridicule, ou affronter une vie sans…)? Quelles sont vos peurs les plus profondes? Êtes-vous prêt à affronter les risques, aussi irrationnels qu'ils puissent être, et à avancer avec cette idée? Exprimez-vous dans votre journal et expliquez.

3. Examinez vos relations. De quelle façon jouez-vous la sécurité? Avez des impressions ou des sentiments inexprimés? Si c'est le cas, parlez à la personne. Qu'avez-vous à perdre? Si vos peurs vous empêchent de vous

exprimer face à face, essayer d'écrire dans votre journal ou d'écrire d'abord une lettre.

4. Avez-vous l'impression que vous méritez d'atteindre vos rêves et vos désirs les plus profonds ? Sinon, que pouvez-vous faire pour vous aimer et vous respecter encore plus ? Commencez un journal de « délicatesses envers moi-même » et notez toutes les belles choses que vous faites pour vous-même chaque jour. Organisez une sortie spéciale chaque semaine, juste pour vous. Créez du temps pour vous afin de faire les choses que vous aimez.

5. Vivez-vous en accord avec vos qualités les plus importantes ? De quelle manière jouez-vous la sécurité ? Expliquez. Créez une activité qui vous force à vous déplacer au-delà de votre zone de confort et observez comment vous vous sentez.

Méditation guidée

L'objectif de cette méditation est de vous aider à clarifier ce qui vous empêche d'avancer et de transformer l'énergie de vos croyances limitées et de vos peurs pour que vous puissiez connaître l'abondance.

Asseyez-vous confortablement sur une chaise ou croisez les jambes en vous assoyant sur un coussin sur le plancher, le dos bien droit et les mains reposant sur vos genoux. Commencez à concentrer votre attention vers l'intérieur de votre être. Observez votre respiration et voyez à ce qu'elle devienne de plus en plus profonde. Créez un flot rythmique en espaçant également chaque inspiration et chaque expiration. Lorsque vous commencez à vous détendre, notez toutes les régions de votre corps où vous ressentez de la tension ou de l'inconfort, et dirigez votre respiration vers ces endroits en permettant ainsi à la tension de s'apaiser et de se relâcher. Ensuite, notez la qualité de vos pensées. Essayez d'immobiliser votre esprit pendant que vous êtes paisiblement assis dans un état silencieux de conscience. Prenez un moment pour imaginer votre plus grande peur. Est-ce d'être vulnérable dans des relations, de poursuivre vos rêves, de quitter votre emploi, ou de maîtriser pleinement votre pouvoir et votre lumière ? Craignez-vous de réussir, d'échouer, d'être jugé, ou de mourir ? Une fois que vous obtenez une vision claire de vos peurs les plus profondes, prenez une profonde respiration et scrutez l'intérieur de votre corps. Où réside votre plus grande peur ? Est-ce dans votre gorge, votre tête, votre cou, vos épaules ou votre estomac ? Remarquez tout endroit où vous ressentez de la tension, de l'inconfort, du resserrement, ou des sensations inhabituelles. Concentrez votre attention à cet endroit. À quoi cela ressemble-t-il ? Est-ce que cela a une taille, une forme, une couleur ? Développez une image détaillée. Puis donnez-lui un nom. Comment l'appelleriez-vous ? Maintenant, demandez à cet objet de vous parler. Pourquoi est-il ici ? Que veut-il ou de quoi a-t-il besoin ? Écoutez attentivement. A-t-il un message quelconque à vous transmettre ?

Visualisez un rayon de lumière dorée chaude qui brille directement sur ce secteur, l'entourant d'amour et de compassion. Voyez cette lumière radiante adoucissant votre peur, la transformant en amour, vous libérant de tous sentiments limitatifs. Prenez quelques moments pour permettre à la transformation de se compléter. Puis remarquez si l'objet a changé de forme. Sa couleur ou sa taille a-t-elle changé ? S'est-il adouci ou a-t-il rétréci ? Adressez-vous à lui à nouveau. A-t-il besoin de quelque chose pour se transformer ? A-t-il d'autres messages pour vous ?

Permettez à votre sagesse intérieure de vous parler. Asseyez-vous
tranquillement et écoutez.
    Imaginez que vous allez au-delà de vos croyances limitatives
et de vos peurs. Que faites-vous ? Créez une image détaillée de
votre vie, libre de tout manque ou limitation. Expérimentez la joie
de vivre selon vos plus grandes qualités et de réaliser vos rêves.
Vous méritez de recevoir de l'abondance. Vous êtes entier et
parfait tel que vous êtes !

Lorsque vous aurez l'impression d'avoir complété l'expérience, revenez lentement et doucement dans la pièce et ouvrez les
yeux. Notez votre expérience et toutes les nouvelles pensées qui
ont émergé en vous. Faites l'essai de cette méditation lorsque vous
vous sentez coincé ou que vous craignez d'avancer.

PARTIE IV
LE VOYAGE

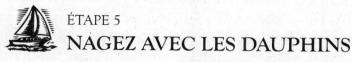

ÉTAPE 5
NAGEZ AVEC LES DAUPHINS
Engagez-vous dans la communauté

Il ne faut jamais douter de la capacité d'un petit groupe de citoyens engagés et ingénieux à changer le monde. Tout compte fait, ce sont les seuls à y être jamais parvenus.

— MARGARET MEAD

*L*e 6 août 1998. *C'est la dernière journée d'une semaine passée à faire du bénévolat dans une école primaire à Leutoka dans les îles Fiji, pendant qu'on installait un nouveau moteur dans le bateau. Les enseignants m'ont fait la surprise de m'offrir une fête d'adieu, durant laquelle on m'a remis un cadeau, une jupe Sulu, et on a prié pour mon voyage. Touchée par leur chaleur et leur générosité, je me suis sentie honorée, aimée et appréciée. Après leur avoir dit au revoir, je me suis lentement éloignée de l'école, essayant de savourer le moment pendant lequel les enfants couraient le long de la clôture et criaient : « Au revoir ! Nous vous aimons, Mme Karen. » Mon cœur débordait de gratitude, et des larmes de joie coulaient sur mon visage.*

Découvrez l'appartenance

Le sentiment d'appartenance et la sensation d'être aimé font partie des désirs les plus profonds de notre âme. Nous sommes avides de liens profonds, nous avons envie d'être entourés et soutenus par des gens qui nous acceptent et qui nous apprécient pour ce que nous sommes. Comme les dauphins, nous sommes des êtres naturellement sociaux et nous avons besoin de camaraderie et d'amitié. Nous ressentons le besoin de nous retrouver avec des gens avec qui nous pouvons partager nos expériences, nos rêves et nos désirs, et avec lesquels nous pouvons travailler et avoir du plaisir.

Des études démontrent que nous passons plus de temps isolés dans nos maisons et que nous devenons de moins en moins sociaux ; nous sommes de plus en plus déconnectés de notre famille, de nos amis et de nos voisins. De plus, les troubles psychiatriques, incluant la dépression majeure et les troubles qui s'y relient ont presque doublé depuis le début des années 1980. De nos jours, aux États-Unis, la dépression afflige annuellement environ 10 pour cent des adultes. Robert D. Putnam, l'auteur de *Bowling Alone* et *Better Together*, a déclaré dans une entrevue : « L'isolement social représente un facteur de risque de décès aussi important que la cigarette. » Il a aussi ajouté : « Votre habileté à vous lier aux autres est de loin la plus grande composante du bonheur. » Ses conclusions sont basées sur des données statistiques recueillies lors d'une recherche de grande envergure.

Lorsque nous sommes connectés aux autres dans des relations favorables, non seulement augmentons-nous notre degré de satisfaction de la vie, mais on a découvert que ces liens nous guérissent sur le plan physique et émotionnel en même temps qu'ils nous éloignent des facteurs importants de dépression, comme l'isolement et la solitude. Dans *Creating Optimism*, le docteur Bob Murray et Alicia Fortinberry parlent des techniques qui nous aident à bâtir un réseau de gens qui nous soutiennent et qui nous aident à guérir. Cela est, affirment-ils, « la seule façon durable de vaincre la dépression ».

Il nous suffit de regarder les dauphins pour obtenir un exemple des avantages d'être en communication les uns avec les autres et de vivre en communauté. Lorsqu'ils travaillent et jouent ensemble, ils débordent d'amour et de joie. Le seul fait de les observer peut avoir un effet transformateur. Le récit suivant en est l'illustration.

Vers la mi-novembre, nous étions en train de naviguer à proximité de Ventura Harbor, en Californie du Sud, et il faisait plus chaud qu'à l'accoutumée. Le ciel était bleu et ensoleillé et nous avions une vue panoramique des Channel Islands. Nous étions cinq à bord : le propriétaire du bateau qui était aussi le capitaine, un homme d'équipage, moi-même, et deux participants de l'atelier. Cet atelier portait sur la manière de vivre avec passion en réalisant sa raison d'être. Comme s'il y avait eu un signal, nous avons tous remarqué des éclaboussements d'eau vive au loin, s'étendant sur plus d'un kilomètre. Curieux, avec le moteur au ralenti, nous nous sommes lentement rapprochés pour voir de quoi il s'agissait. Des centaines et des centaines de dauphins bondissaient, tournoyaient et dansaient joyeusement, comme dans un ballet chorégraphié. Par ce qui semblait être de la communication télépathique, ils étaient complètement en harmonie les uns aux autres, synchronisant leurs mouvements pour nager à l'unisson.

Par groupes de dix à douze, les dauphins se sont approchés du bateau. Chaque groupe, à tour de rôle, a nagé et joué sous la proue. Pendant qu'avec empressement nous tendions nos mains et nos pieds par-dessus bord, en tentant de toucher ces créatures magnifiques, nous pouvions les entendre chanter en se servant de leurs sonars. Nous sentions nos cœurs déborder de joie — tout comme lorsque nous étions enfants le jour de Noël. Cette expérience a constitué le grand moment de l'atelier et a créé un souvenir que nous continuerons de partager pendant longtemps.

Comme les dauphins, nous avons besoin de créer des groupes humains en développant des liens profonds et en nous engageant dans nos communautés. Cette attitude nous permettra tous de découvrir un sentiment d'appartenance et ainsi de connaître un grand bonheur et la raison d'être de notre vie.

Créez une raison d'être universelle
Par leur façon de vivre en communauté, les dauphins nous enseignent la collaboration et le travail unifié — chaque individu constitue une partie intégrante du tout. Ils capturent du poisson, se protègent les uns les autres contre les prédateurs, s'accouplent et élèvent leurs jeunes ensemble. Cette façon de vivre les fortifie. En unissant nos talents uniques, nous devenons plus puissants et nous pouvons effectuer des changements positifs, beaucoup plus facilement que lorsque nous sommes seuls. Mais pour y arriver, nous devons créer une raison d'être commune et travailler en collaboration. Tout ceci peut être accompli grâce à une vie en communauté.

Qu'est-ce qu'une communauté? C'est un corps unifié d'individus rassemblés par des intérêts communs. Il existe plusieurs exemples de communautés dans la société humaine, incluant les quartiers, les emplois, les organismes sociaux et spirituels et les équipes sportives. Alors que nous naviguions de Fiji à Singapour, j'ai éprouvé un fort sentiment d'appartenance avec les autres navigateurs. Non seulement partagions-nous un intérêt commun pour la navigation, mais aussi un même esprit d'aventure. Ensemble dans cette aventure, nous recherchions donc l'amitié et le soutien.

Un autre exemple que je tire de ma propre vie, est un organisme communautaire auquel je participe nommé EarthHEAL (Human Earth Alliance for Life [Alliance pour la vie de la planète]). Un groupe informel qui se rassemble mensuellement à la nouvelle lune. Nous créons de nouvelles amitiés, partageons des idées sur la guérison, et honorons la Terre par des cérémonies. Les participants ont un objectif commun — guérir la Terre et créer une planète durable pour notre avenir. L'histoire qui suit est un exemple de vie communautaire dans laquelle des individus travaillent ensemble pour un objectif commun — vivre, simplement.

Lorsque nous avons jeté l'ancre dans l'île Waya aux îles Fiji, John et moi sommes débarqués pour faire un peu d'exploration. Nous avions entendu parler d'un village de l'autre côté de l'île, et même après avoir fait de la randonnée pendant deux heures dans une chaleur insupportable, notre curiosité nous a incités à continuer — même si nous étions fatigués et affamés.

Sur notre chemin, en descendant vers une crique, tout était calme sauf un son à peine audible de musique. De petites maisons de style hutte ont commencé à apparaître alors que la musique devenait de plus en plus forte. Finalement, à notre grande surprise, nous sommes tombés sur un groupe d'environ deux cents autochtones des îles Fiji. Les hommes les plus âgés étaient devant, en train de diriger une cérémonie, alors que les hommes et les femmes d'âge moyen exécutaient une danse au milieu. En périphérie, les femmes plus âgées et les enfants étaient assis et observaient.

Lentement, nous nous sommes approchés, faisant tout notre possible pour demeurer respectueux. Nous sommes restés en arrière-plan à observer la scène paisiblement. Communicant par signes et sourires, nous nous sommes liés d'amitié avec quelques-uns des enfants. Des grands-mères nous ont invités à assister à un déjeuner de célébration qui concluait la cérémonie. Le repas était de style fidjien — assis sur le sol, nous avons mangé avec nos mains. Du riz, de l'agneau, du melon Casaba, du pain aux fruits et des œufs de poisson étaient au menu ; nous nous sommes bien rassasiés.

Pendant notre bref aperçu de cette culture, nous avons observé la façon par laquelle les gens travaillent ensemble ; vivant surtout des produits de la mer et de la terre, et partageant leurs ressources pour s'aider les uns les autres dans un environnement communautaire qui est d'un grand soutien. Ils paraissaient joyeux et heureux, souriant fréquemment avec des étincelles dans leurs yeux. Démunis sur le plan matériel, ils étaient riches d'esprit et d'émotions.

À cause de notre vie moderne, nous ne vivons plus dans des environnements communautaires qui offrent un soutien tel que celui que nous avons observé dans cette communauté. Nous avons donc besoin de trouver les moyens d'exister les uns avec les autres en communauté. Lorsque vous choisissez une communauté dans laquelle vous voulez vous engager, songez à ce que sont vos champs d'intérêt et vos passions. Qu'est-ce qui est important pour vous ? Investissez votre énergie dans votre passion et entourez-vous de gens positifs et attentionnés, qui partagent vos idées et les choses que vous aimez.

Respectez le caractère unique de chacun

Lorsque nous vivons en communauté, il est important d'honorer les talents uniques et les différences particulières à chaque individu. Il est aussi essentiel de témoigner de la tolérance et d'accepter les membres du groupe, de même que les autres communautés qui ont des points de vue différents. Une communauté doit encourager l'unité et même améliorer la vie de ses membres et celle des communautés avoisinantes.

Trop souvent, nous craignons ce que nous ne comprenons pas et nous adoptons des moyens de défense, nous portons des jugements, dans le but de nous permettre de nous sentir mieux — plus en sécurité. Le jugement ne fait qu'engendrer l'intolérance, la haine et la violence, blessant tous ceux qui sont concernés. Lorsque nous portons des jugements, nos pensées mêmes sont destructrices, parce qu'elles transmettent de l'énergie négative. Elles projettent une attitude de supériorité qui ne permet pas à l'autre personne de se sentir assez en confiance pour être elle-même. Étant donné que nous ne pouvons nous mettre à la place de l'autre personne, comment pouvons-nous espérer connaître ce qu'ils traversent et expérimentent. Nous faisons tous du mieux que nous pouvons avec les connaissances et la sagesse qui nous sont données. Donc au lieu de critiquer et de juger, développez l'amour, la tolérance et la compassion.

Lorsque nous ouvrons notre esprit aux différentes façons de penser, de croire et de vivre, notre propre conscience s'élargit, créant des occasions de vivre plus pleinement et d'ajouter de la richesse et de la beauté à notre existence. Par exemple, pendant que vous voyagez, honorez les différentes coutumes et traditions des cultures que vous visitez. Cherchez à apprendre : Pourquoi ces gens font-ils les choses de cette façon ? Que signifient pour eux leurs traditions ? Dans les pays musulmans que John et moi avons visités, les gens se rassemblaient plusieurs fois par jour pour prier. Ce processus commençait tôt le matin. Du voilier, nous pouvions entendre les cloches sonner pour avertir les membres de la communauté qu'il était temps d'aller prier. J'appréciais ce rappel de prendre un temps d'arrêt pour honorer mes propres liens spirituels.

Tout en honorant nos différences, nous avons aussi besoin de prendre le temps de *vraiment* nous connaître les uns les autres. Étant donné que l'ignorance nous porte à juger, il serait bon de nous éduquer sur les modes de penser des autres personnes, sur leurs sentiments et sur leurs croyances. Quels sont leurs rêves et leurs désirs les plus profonds? Que valorisent-ils le plus? Nous devenons plus tolérants et plus compatissants quand nous essayons de comprendre ce qui motive les gens. De plus, concentrez-vous sur vos similitudes et non sur vos différences. En tant qu'êtres humains, nous partageons tous le même besoin fondamental et le même désir — aimer et être aimés —, et nous faisons tous l'expérience de la douleur et de la souffrance. Il se peut que les épreuves que vous avez traversées soient semblables à celles que l'autre personne a vécues — par exemple, la perte d'un être cher ou un grave problème de santé. Découvrez ce que vous avez en commun. Allez plus loin, au-delà de vos différences, et découvrez les dons uniques que l'autre personne a à offrir. Dans son livre *The Shelter of Each Other*, Mary Pipher, Ph.D. suggère ceci :

Il est bien possible que sur le plan culturel, le PNB ne définisse plus la richesse, mais plutôt le nombre de personnes qui se connaissent vraiment et prennent vraiment soin les unes des autres. Cette définition de la richesse culturelle est reliée à la définition de Margaret Mead d'une culture humaine idéale, celle où il y a une place pour chaque don humain. Il est difficile de prendre conscience des dons des gens que nous ne connaissons pas. Dans une culture idéale, les gens se connaissent suffisamment les uns les autres pour reconnaître leurs talents individuels et se soutenir les uns les autres pour développer ces dons.

Prenez le temps d'approcher les gens de votre voisinage et de votre communauté pour arriver à mieux les connaître — *à vraiment* les connaître. Cherchez les dons uniques que chaque personne a à offrir et développez la tolérance et la compassion. En honorant les individus dans votre communauté, vous contribuez à la paix mondiale. Mais d'abord, vous devez développer l'amour et l'harmonie en vous-même. Voici un dicton de Confucius :

> S'il y a de la lumière dans votre âme, il y aura de la beauté en vous.
> S'il y a de la beauté en vous, il y aura de l'harmonie dans votre maison.
> S'il y a de l'harmonie dans votre maison, il y aura de l'ordre dans votre pays.
> S'il y a de l'ordre dans votre pays, il y aura de la paix dans le monde.

La paix commence en dissipant le jugement — les jugements sur nous et sur les autres. De quelles façons avez-vous fermé votre esprit aux modes de vie des autres ? Prenez un moment et examinez vos pensées, vos attitudes et vos croyances. Croyez-vous que votre façon de vivre et de faire les choses est la meilleure ou la seule manière ? De quelle façon cette croyance crée-t-elle de la division et de la séparation ? Étant donné que chacun d'entre nous est une expression unique du Divin, créé dans la perfection pour servir un objectif particulier, pourquoi déshonorerions-nous ou jugerions-nous toute personne, incluant nous-mêmes ?

Si vous découvrez que vous avez de la difficulté à vous débarrasser des pensées et des attitudes critiques envers certains, visualisez-vous en train d'envoyer de l'amour à cette personne ou à ce groupe de personnes. Essayez de vous mettre à leur place. Cette stratégie vous aidera à ouvrir votre esprit et votre cœur. Prenez aussi le temps d'apprendre à les connaître. De quelle façon sont-ils spéciaux ? De quelles manières leurs différences sont-elles des dons ? En encourageant les autres à faire de leur mieux et en les acceptant pour ce qu'ils sont, vous créez une conscience d'amour et d'unité, gage d'une vie plus satisfaisante et d'un monde plus harmonieux.

Développer des liens significatifs

Il est possible d'établir des liens significatifs basés sur des sentiments mutuels — comme le partage, la bienveillance, le respect, la confiance, la compréhension et l'amour —, avec toute personne avec laquelle vous communiquez à cœur ouvert. Ces personnes peuvent être des membres de la famille, des partenaires amoureux, des collègues de travail ou des amis. De tels liens peuvent même se former avec des gens que vous rencontrez en passant à l'épicerie, durant une fête, ou pendant que vous marchez sur la plage. Le lien peut être le regard ou le sourire d'un étranger qui vous remonte le moral ; une conversation de cinq minutes qui vous touche profondément ; ou une relation qui dure le temps d'une vie. Être présent pour recevoir le cadeau de l'alliance, c'est ce qui la rend significative.

Pour développer des liens significatifs, il faut être prêt à prendre le temps de communiquer ouvertement et honnêtement ; à partager nos rêves et nos désirs les plus profonds, nos peurs et nos déceptions, et à passer du temps de qualité ensemble à travailler, jouer et grandir. En partageant mutuellement de nous-mêmes — nos pensées, nos sentiments et notre sagesse —, nous avons l'occasion de nous développer. Non seulement apprenons-nous les uns des autres en partageant nos connaissances et nos expériences, mais les personnes qui nous sont proches deviennent des miroirs, reflétant des aspects de nous-mêmes et nous enseignant ce dont nous avons besoin pour grandir. Par exemple, il se peut que vous soyez contrarié quand quelqu'un vous donne un conseil non sollicité. Mais après réflexion, vous voyez peut-être ce comportement en vous-même. Lorsque vous êtes en colère, frustré et irrité contre quelqu'un, demandez-vous ce que cela peut bien refléter. Que pouvez-vous apprendre d'eux? Nos liens intimes reflètent aussi nos forces et nos talents. Parfois, il est plus facile pour quelqu'un d'autre de voir nos dons uniques et nos qualités positives, qu'il ne l'est pour nous-mêmes.

Comme un jardin magnifique, les relations significatives requièrent un investissement en temps, en énergie, et en attention pour se développer. Si nous voulons que les fleurs s'épanouissent, il faut labourer le sol, planter les semences, les arroser et les fertiliser. Ainsi, vos liens doivent être nourris, priorisés et respectés. Cela peut être accompli en donnant votre temps et toute votre attention à l'autre personne — en écoutant, en écoutant *vraiment,* et en étant présent de tout votre être, votre corps, votre esprit et votre âme. Il peut être facile de tenir l'autre pour acquis — croyant qu'il sera toujours là —, ou d'écouter d'une seule oreille lorsqu'il nous parle — notre esprit vagabondant sur une centaine d'autres sujets.

Lorsque vous conversez, essayez d'être totalement présent. Ignorez les distractions et concentrez-vous pour écouter ce qui est dit. Écoutez avec tous vos sens, incluant vos oreilles, vos yeux et votre cœur — l'autre personne peut communiquer quelque chose de plus profond que les mots qu'elle utilise. Démontrez aussi que vous écoutez réellement en posant des questions sur ce qui vient d'être dit. Être totalement présent durant vos conversations est l'un des plus grands gestes d'amour que vous pouvez poser.

Si vous découvrez qu'il vous arrive fréquemment d'être égocentrique et que vous tenez vos relations pour acquises, essayez d'envoyer une carte à votre ami ou d'écrire une lettre d'amour à votre partenaire. Faites quelque chose de spécial, d'inattendu, de prévenant, de généreux et de créatif. Si vous habitez dans une autre ville, connectez-vous à travers un «journal d'amis». Écrivez ce que vous pensez, ressentez et expérimentez dans un petit journal. Incluez des photographies ou des souvenirs, et postez le journal à votre ami qui exécutera alors le même processus. Faites circuler le journal entre vous.

Pour créer l'intimité, passez plus de temps de *qualité* avec votre partenaire ou votre ami. Songez à organiser un rendez-vous simplement pour vous asseoir et bavarder, ou pour sortir et avoir du plaisir. Si vous avez des enfants, prenez une gardienne une fois par semaine pour que vous et votre partenaire puissiez vous concentrer l'un sur l'autre sans distraction. Donner la priorité à vos relations importantes en vaut bien l'effort supplémentaire.

Les liens de qualité ont la capacité de nous faire paraître sous notre meilleur jour. Mais d'abord, nous devons nous connaître et nous aimer — être notre propre meilleur ami. Si nous manquons d'amour pour nous-mêmes, nous dépendrons de l'autre personne pour rehausser notre estime de soi, pour nous satisfaire et pour nous sentir aimé ; créant un attachement dépendant plutôt qu'une relation mutuellement attentionnée et aimante. Lorsque nous avons déjà acquis le sentiment d'être une personne forte et à part entière, nous pouvons créer une union sans tomber dans la dépendance, et nous aurons tellement plus à offrir. La relation se bâtit alors sur des bases saines sur lesquelles nous pouvons nous appuyer et qui peuvent, par conséquent, nous aider à atteindre notre potentiel. Mais l'inverse peut aussi se produire lorsque la relation est construite sur l'indigence. La relation sera dysfonctionnelle, et nous souffrirons tout en voyant diminuer notre énergie vitale.

De quelle manière abordez-vous vos relations ? Est-ce à partir d'un sentiment de besoin et de manque, ou d'un sentiment émancipateur ? Si vous découvrez que vous souffrez souvent d'insécurité, de jalousie, de possession ou de contrôle, il vous faudra peut-être travailler à améliorer votre estime de soi. Songez à trouver un bon thérapeute pour vous aider dans ce processus.

Puisque nos besoins sociaux peuvent être différents, nos relations peuvent être rares ou nombreuses. Certaines personnes sont extraverties et puisent leur énergie dans la proximité des autres personnes ; d'autres sont introverties et doivent réapprovisionner leur énergie dans la solitude. Dans plusieurs cas, une ou deux relations intimes sont suffisantes. La clé se trouve dans la qualité et non dans la quantité.

Si vous êtes introverti et préférez passer du temps en solitaire, ou si vous éprouvez des problèmes à sortir de la maison pour des raisons physiques, alors envisagez de vous procurer un animal de compagnie pour vos besoins de camaraderie, d'amour et d'affection. Mais souvenez-vous, un animal ne peut satisfaire *tous* vos besoins sociaux.

Peut-être êtes-vous timide, vous vous sentez seul et avez de la difficulté à développer des relations significatives. Si c'est le cas, songez à vous engager dans des activités où vous pouvez rencontrer des gens qui partagent vos champs d'intérêt, comme le ski ou le club nautique ou des événements sociaux à votre église. Tendez la main et ayez de l'assurance. Apprenez à connaître les individus en leur posant des questions sur leur vie et en écoutant *vraiment*. S'ils réagissent en posant des questions à votre sujet, alors l'intérêt est mutuel, sentez-vous donc libre de les inviter à vous rencontrer pour un déjeuner ou pour un café. Soyez prêt à partager ouvertement les histoires de votre vie. Avec le temps, vous bâtirez un environnement où règnent la confiance et le respect. Ce sont là les semences d'une relation épanouissante.

Pour donner un sens à notre vie, nous devons prendre le temps de labourer le sol de l'intimité et développer des liens en faisant don de nous-mêmes pendant que nous recevons le cadeau de l'autre.

Choisissez de vous engager

Engagez-vous dans ce que vous aimez et ce qui vous passionne, dans ce qui vous apportera des sentiments de joie et d'épanouissement. Que ce soit un groupe religieux, un club social, une équipe sportive ou toute autre organisation, entretenez des liens avec d'autres gens dans des endroits où il vous est possible de développer des liens significatifs.

Carole, une veuve de soixante-douze ans, s'est jointe à une organisation de citoyens âgés après le décès de son époux. Elle se tient occupée avec des activités sociales et voyage fréquemment avec des gens dont elle partage les intérêts ; elle a ainsi rencontré de nombreux nouveaux amis. Elle aide aussi à s'occuper de ses petits-enfants — en les emmenant et en allant les chercher à l'école — ainsi qu'à prendre soin d'un ami aveugle. Elle a choisi de s'impliquer, de rencontrer de nouvelles personnes et d'expérimenter la vie plutôt que de se couper des amis et de la famille. Comme résultat, sa vie est plus agréable et épanouissante.

Nous avons un besoin fondamental, non seulement de nous lier aux autres, mais aussi de nous sentir utiles, de sentir que notre existence a un impact positif. Don, un retraité de soixante-cinq ans, donne de son temps, une fois par semaine, pour aider dans la classe de sa fille. Elle enseigne à des enfants en difficulté de sixième année. En règle générale, il l'aide pour la lecture et les mathématiques. Il se voit comme un « modèle émulateur et une figure paternelle ». Don nous a expliqué : « Certains de ces enfants n'ont pas eu de modèle émulateur sain, c'est donc extrêmement valorisant d'être là pour eux. »

Après avoir vendu son entreprise, Don passe encore du temps au travail comme consultant pour les nouveaux propriétaires et les employés. Il aime partager ses connaissances et son expérience avec des personnes plus jeunes et leur donner des conseils lorsqu'on lui en demande.

Il participe aussi au comité de design de sa coopérative d'immeubles où il peut offrir son expérience comme entrepreneur. Il a expliqué : « C'est important d'être engagé dans quelque chose à l'extérieur du travail où vous pouvez donner de vous-même, participer et apprendre de nouvelles choses. » Don considère que le travail avec les autres membres du comité est très valorisant. Il a pu ainsi rencontrer des gens avec lesquels il partage des intérêts ; « ce qui a ouvert la possibilité de développer de futures amitiés », a-t-il dit. En s'impliquant dans sa communauté et en s'engageant, Don a donné beaucoup de sens à sa vie.

Gina, une psychothérapeute de cinquante et un ans qui est mère de famille, est très engagée dans sa communauté et participe aux activités de plusieurs organismes. L'un d'entre eux se nomme « The Circle » (le Cercle) : un groupe centré sur la spiritualité qui a commencé à se rassembler en 1990 pour rencontrer des gens et se faire des amis, pour se soutenir les uns les autres et pour méditer. « On se laisse tellement distraire par la vie de tous les jours. Cette expérience nous a beaucoup aidés à nous recentrer, à nous ramener vers qui nous sommes vraiment », a expliqué Gina.

« Cette expérience a vraiment soutenu beaucoup de gens, a-t-elle ajouté. Il est devenu apparent que chaque personne possède un don unique qui profite à tous et qui catapulte le groupe à un nouveau niveau de croissance et de compréhension. Il nous a toujours semblé qu'il y avait une raison d'être particulière pour chacun de nos rassemblements, comme si nous faisions partie de quelque chose de plus grand. »

Avec le temps, un objectif commun s'est développé pour le Cercle : comprendre la réciprocité sacrée des humains et de la terre, et faire tout ce qui est possible pour créer un avenir durable. Le groupe s'est intéressé à une sécheresse qui durait depuis six ans et qui avait exacerbé une infestation de scolytes qui tuaient les arbres dans les montagnes de San Bernardino en Californie du sud. Par conséquent, les membres ont approché un autochtone âgé de l'est de Shoshone qui possédait des connaissances et de l'expérience dans les pratiques de guérison de la terre. Ils ont mis au point une cérémonie qu'ils ont appelée Big Bear Medicine Wheel (la Roue holistique du grand Ours). Big Bear était le centre de la roue, avec des rayons qui atteignaient 8 sites sacrés, couvrant une superficie de 200 kilomètres. La cérémonie exprimait l'amour et la gratitude pour la terre en même temps que l'on créait des intentions pour la guérison.

Étant donné la somme de préparation nécessaire, le groupe a divisé les responsabilités d'après les forces individuelles des membres. Les membres du groupe ont choisi des ambassadeurs pour chaque site, ont fait parvenir des communications pour susciter la participation, organisé des campagnes de financement et dirigé la formation. Après la période de formation, on a procédé à la première cérémonie. Sur un ton animé, Gina nous a confié : « On s'attendait à un peu de pluie, mais on a reçu soixante centimètres de neige cette nuit-là. Les pentes de ski ont ouvert un mois plus tôt ! »

La grande cérémonie de Medicine Wheel a eu lieu environ trois semaines plus tard et s'est conclue avec une célébration finale pour honorer les participants. Cette nuit-là, on prévoyait quelques flocons de neige, mais il est tombé quatre-vingt-dix centimètres de neige pendant les jours qui ont suivi. Gina s'est exclamée : « Les météorologistes étaient déroutés ! » Nul besoin de dire que la cérémonie s'est avérée un succès. Deux ans plus tard, les lacs sont encore à leur niveau le plus haut.

« Le groupe se voit maintenant comme les intendants de la terre », a dit Gina. Les membres continueront à travailler ensemble pour faire ce qu'ils peuvent pour créer un avenir durable pour notre planète, incluant enseigner aux enfants à vivre en harmonie avec la nature.

Gina a partagé ses conseils sur le fait de s'engager. « D'abord, évaluez ce qui vous intéresse. Il vous faut trouver un organisme qui est conforme à vos intérêts et à vos intentions.

« Prenez le temps de connaître le groupe avant de vous y joindre, a-t-elle ajouté. Assistez à plusieurs réunions et tâtez le terrain. La raison d'être est-elle claire, ou le groupe est-il embourbé dans des différences de personnalités, des conflits mesquins et des luttes de pouvoir ?

« Les gens ont besoin les uns des autres, a-t-elle fini par ajouter. Il ne fait pas de doute que les femmes ont besoin des femmes ; parce qu'elles ont tendance à se laisser prendre dans le rôle de donneuse de soins et de perdre le sens de toute raison d'être en dehors de ce rôle. Les femmes ont besoin de la sagesse et du réconfort qu'offrent les autres femmes, car il arrive parfois qu'elles offrent tellement de soutien aux autres qu'elles se vident de leur propre énergie. »

En nous rassemblant en communautés, nous avons l'occasion de recevoir de l'amour et du soutien tout en faisant une contribution avec nos dons uniques et en travaillant vers un objectif commun. Comme résultat, notre engagement augmente l'énergie de notre force vitale et notre expérience de l'amour et de la joie.

Si vous ne vous sentez pas à l'aise de participer à la vie communautaire par vous-même, invitez un ami à vous accompagner. Il se peut que vous craigniez d'effectuer seul cette démarche, du moins, jusqu'à ce que vous connaissiez mieux les gens qui sont engagés dans cet organisme. De plus, si vous avez l'impression d'être trop occupé, commencez avec des activités qui demandent une quantité minimale de temps, et concentrez-vous sur les choses que vous aimez faire et qui vous apportent de la joie.

Un pas à la fois, un lien à la fois, votre vie s'épanouira et le monde sera un meilleur endroit pour y vivre.

Exercices

1. Avez-vous l'impression d'avoir un sentiment d'appartenance dans votre vie? Sinon, évaluez votre réseau social. Dressez une liste des membres de la famille, amis, partenaires, connaissances, voisins et collègues de travail. Y a-t-il des trous dans votre liste? Si oui, quel type de relations aimeriez-vous voir se concrétiser? Exprimez vos intentions en notant par écrit les qualités de la personne ou des gens que vous aimeriez attirer.

2. Avez-vous un sentiment d'appartenance à votre communauté? Avez-vous l'impression de travailler en compagnie d'autres gens vers un objectif commun? Si ce n'est pas le cas, comment pouvez-vous développer ces sentiments? Prenez des notes dans un journal et expliquez.

3. Observez vos pensées, attitudes, croyances et comportements. Soutenez-vous les autres pour qu'ils excellent? Les acceptez-vous tels qu'ils sont? Si vous êtes critique à leur endroit, prenez le temps de vraiment comprendre l'autre personne. Essayez de vous mettre à leur place, et envoyez-leur mentalement de l'amour.

4. Comment vous sentez-vous par rapport à la qualité de vos liens avec les gens ? Désirez-vous des relations plus profondes ? Expliquez. Réservez du temps dans votre horaire chargé pour sortir, avoir du plaisir, parler, être présent et écouter. Posez des questions sur les rêves et les désirs les plus profonds de l'autre personne. Quelles sont ses pensées, émotions et attitudes face à la vie ? Quelles sont ses déceptions ?

5. Décrivez vos passions et vos champs d'intérêt. Existe-t-il des organismes dans votre communauté dans lesquels vous pouvez vous engager afin de rencontrer des gens qui pensent comme vous ? Sinon, pouvez-vous en démarrer un ? Que penseriez-vous de donner un peu de votre temps personnel ? Commencez en vous impliquant graduellement. Par exemple, parlez à un voisin, participez à un pique-nique avec un ami, assistez à une réunion d'un groupe auquel vous aimeriez appartenir, ou cherchez des occasions de faire du bénévolat.

Méditation guidée

Cette méditation vous aidera à faire l'expérience de l'amour et de la joie, comme faisant partie de quelque chose de plus grand que vous-même.

Asseyez-vous confortablement sur une chaise ou croisez les jambes en vous assoyant sur un coussin sur le plancher, le dos bien droit et les mains reposant sur vos genoux. Commencez à concentrer votre attention vers l'intérieur de votre être. Observez votre respiration et voyez à ce qu'elle devienne de plus en plus profonde. Créez un flot rythmique en espaçant également chaque inspiration et chaque expiration. Lorsque vous commencez à vous détendre, notez toutes les régions de votre corps où vous ressentez de la tension ou de l'inconfort, et envoyez votre respiration vers ces endroits en permettant ainsi à la tension de s'apaiser et de se relâcher. Ensuite, notez la qualité de vos pensées. Essayez d'immobiliser votre esprit pendant que vous êtes paisiblement assis dans un état silencieux de conscience.

Imaginez que vous nagez dans l'eau chaude et bleu-vert des tropiques. Les vagues, petites et légères, vous permettent de glisser facilement sur l'eau. Au loin, vous apercevez une colonie de dauphins et vous décidez de nager jusqu'à eux pour vous y joindre. Ils sont enchantés de votre présence et vous accueillent chaleureusement en vous poussant doucement de leur museau. L'amour et la joie émanent de leurs yeux. Comme ils vous accueillent dans leur groupe, vous vous sentez accepté, aimé et respecté — comme si vous faisiez maintenant partie de quelque chose d'unique.

Pendant que vous nagez avec les dauphins, imaginez que vous êtes aussi entouré de vos êtres chers, que ce soit votre famille, vos amis, votre partenaire ou vos animaux de compagnie. Vos êtres chers se joignent à vous pour créer une nacelle humaine, comme le font les dauphins. Faisant partie de cette nacelle, vous ressentez un profond sentiment d'amour et d'appartenance.

Visualisez votre nacelle se reliant à d'autres nacelles, et à d'autres communautés humaines. Observez pendant que ces connexions se multiplient et incluent finalement votre quartier, votre communauté, votre ville, votre État, votre pays et le continent, jusqu'à ce que la toile s'étende et couvre le monde tout entier. Prenez un moment pour vous permettre de ressentir vos liens avec tous les êtres. Vous êtes un.

Permettez à l'énergie de l'eau de l'océan et à l'amour des dauphins de vous purifier de tous vos jugements envers vous-même et envers les autres. À mesure que vos jugements sont emportés, l'amour et la compassion remplissent votre cœur. Faites l'expérience de la liberté de vous retrouver dans un endroit où l'on honore tous les êtres pour leur contribution unique à la toile.

Lorsque vous avez l'impression d'avoir réalisé votre objectif, revenez lentement et doucement dans la pièce et ouvrez les yeux. Notez votre expérience et toutes les nouvelles idées qui ont émergé en vous. Que pouvez-vous faire pour créer un plus grand sentiment d'appartenance et de communauté dans votre vie ?

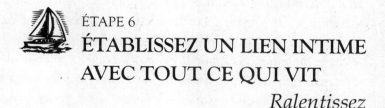

ÉTAPE 6

ÉTABLISSEZ UN LIEN INTIME AVEC TOUT CE QUI VIT

Ralentissez

Ceux qui contemplent la beauté de la Terre
se découvrent des forces qui dureront
le temps de la vie.

— RACHEL CARSON

L e 6 septembre 1998. *Nous avons entrepris la traversée vers l'Australie, il est environ 18 h 30, et nous venons tout juste de terminer notre repas. La brillance vive du soleil orangé capte notre attention alors qu'elle s'éclipse pour la nuit. Pendant sa descente, au milieu des aquarelles résiduelles du coucher de soleil, nous remarquons une pleine lune jaune énorme qui s'élève sur notre poupe. J'ignore où regarder — à l'ouest où les teintes orangées couvrent des kilomètres d'horizon, ou à l'est, vers la rivière d'or qui poursuit notre bateau. C'est une nuit parfaite pour la navigation. Je me sens complètement détendue et en paix avec l'Univers. La nature est en harmonie, et mon âme chante dans l'extase.*

Faites l'expérience du sacré

Dans notre monde moderne au rythme accéléré, beaucoup d'entre nous vivent à l'intérieur de leur tête. Nous nous sentons isolés, séparés — de la vie, de nos propres âmes, de Dieu, de la Terre et des autres. Notre rythme rapide est le résultat du cercle vicieux de la consommation à outrance. Nous achetons des choses dont nous n'avons pas vraiment besoin ou dont nous nous servons rarement, comme de grandes maisons, avec des pièces inoccupées et des gadgets avec lesquels nous n'avons pas le temps de jouer. Pour payer tout cela, nous devons nous occuper à gagner un revenu, ce qui nous laisse peu de temps pour vraiment nous lier de façon profonde et intime. Peut-être allons-nous à l'église une fois par semaine pour y faire, brièvement, l'expérience d'une connexion spirituelle, ou peut-être passons-nous à l'occasion du temps dans la nature. Mais lorsque nous participons à ces activités, sommes-nous vraiment présents ? Sommes-nous profondément connectés, sommes-nous aptes à reconnaître le caractère sacré du moment ?

Dans le film le *Capitaine Ron*, mettant en vedette Kurt Russell, Martin Short découvre qu'il a hérité du voilier de son oncle. Excité, il propose à son épouse de partir pour «l'aventure de leur vie». Elle lui répond : «Nous agirons spontanément quand nous en aurons le temps.» Elle veut vendre le voilier pour rembourser leur seconde hypothèque et leurs cartes de crédit. C'est un parfait exemple pour illustrer à quel point la consommation à outrance crée une situation où nous devenons trop occupés à payer nos factures pour pouvoir être spontanés et apprécier la vie.

En vivant de façon mécanique, faisant de notre mieux pour passer à travers chaque journée, nous avons oublié que nous avons des choix. Nous pouvons maîtriser la vitesse du tapis roulant — ou choisir d'en sortir complètement pour marcher à notre propre rythme et prendre des pauses sur le chemin.

Dans ce film, Martin Short finit par convaincre son épouse d'interrompre un moment leur vie compliquée afin de livrer le bateau de son oncle sur le continent. Même si leur aventure de navigation tourne à la farce, une mésaventure suivant l'autre, ils finissent par se retrouver et s'apprécier profondément. Dans la scène finale, lorsqu'ils rentrent à la maison et atteignent enfin le port avec un nouveau sentiment d'émancipation, ils décident, à la dernière minute, de changer de cap, de continuer à naviguer, et de laisser derrière eux le rythme frénétique de leur ancienne vie.

Si nous continuons de courir sur le tapis roulant, à nous sentir impuissants, stressés et insatisfaits — notre vitalité étant diminuée —, il est alors bien possible que notre corps tombe en panne et nous oblige à nous arrêter. Ce qu'il nous faut, maintenant plus que jamais, c'est de ralentir afin de nous connecter profondément à toute forme de vie, et de faire l'expérience de la beauté et du sacré qui nous entourent avant qu'il ne soit trop tard. On peut atteindre cet objectif en passant du temps de qualité dans la nature et en y étant présent avec tous nos sens. En nous connectant consciemment avec la nature — qui nous donne la vie, nous nourrit et nous soutient —, nous commencerons à nous éveiller et à observer les conséquences de nos actes. Notre habitude de consommer à outrance épuise nos ressources naturelles et détruit notre planète, l'endroit où nous vivons. Lorsque nous constatons à quel point nous nuisons à notre source de vie, nous pouvons choisir d'effectuer des changements positifs qui simplifieront notre style de vie.

Pour nous connecter intimement avec l'ensemble de la vie, il nous faut d'abord nous connecter avec nous-mêmes. En écoutant notre corps — notre propre nature — et en nous reliant à notre guidance supérieure pour devenir plus sages et plus lucides, nous comprenons que ce qu'il nous faut pour nous sentir satisfaits se trouve déjà en nous. Il n'existe rien à l'extérieur de nous-mêmes qui puisse nous offrir une satisfaction durable.

Il nous faut aussi prendre du temps, hors de la routine de notre vie, pour évaluer où nous en sommes et où nous nous dirigeons ; pour recharger nos piles et pour nous honorer, célébrer nos réalisations et marquer les transitions de nos vies. Trop souvent, nous ne nous arrêtons pas pour apprécier l'endroit où nous sommes arrivés avant de continuer à avancer.

Quand nous prenons le temps de ralentir et d'établir un lien intime avec tout ce qui vit, nous sommes beaucoup mieux en mesure de vivre le moment présent — l'ici et

maintenant. Dans son livre *Quiétude*, Eckhart Tolle a écrit :
« Plus vous vivez dans le moment présent, plus vous ressentez la simple, mais profonde, joie d'être, ainsi que le caractère sacré de toute vie. » Pour vivre dans le moment présent, il nous faut être en harmonie avec notre corps et savoir écouter notre cœur plutôt que le bavardage incessant de notre cerveau affairé. C'est dans notre cœur lui-même que nous pouvons vivre le mystère de notre interconnexion avec toute vie, et être ainsi en mesure de vivre une joie et une raison d'être extraordinaires.

Vous relier à votre sagesse intérieure

Pour nous connaître nous-mêmes, intimement, nous devons écouter notre sagesse intérieure — la sagesse de notre corps, de notre cœur et de notre âme. Cette sagesse nous guide afin que nous puissions agir pour notre plus grand bien et prendre des décisions conformes à nos désirs les plus profonds et à ce que nous sommes. Lorsque nous nous connectons à notre sagesse intérieure, nous devons faire confiance à ce que nous entendons et agir en conséquence. Si nous ne prenons pas au sérieux ce que nous entendons, nous risquons de nous apporter des souffrances inutiles. Par exemple, n'avez-vous jamais éprouvé un pressentiment ou une impression quelconque pour ensuite omettre d'écouter votre intuition ? Peut-être vous sentiez-vous fatigué et votre corps vous suggérait-il de vous reposer ; mais vous avez continué à le pousser et, comme résultat, vous êtes tombé malade. Notre vie se déroule avec une perfection divine dans la mesure où nous écoutons notre sagesse intérieure, où nous lui faisons confiance et où nous suivons ce qu'elle nous suggère.

Nous pouvons nous connecter avec notre sagesse inté-rieure en nous assoyant paisiblement et en écoutant notre corps. Par des symptômes de douleur et de maladie, notre corps nous fait connaître la région où se trouve le déséqui-libre et nous donne de l'information sur notre état émotionnel. Par exemple, un mal de tête peut être le moyen que prend votre corps pour communiquer que vous ne vous sentez pas en sécurité. Un rhume peut vous suggérer de ralentir, que vous avez trop de pain sur la planche, et que vous vous sentez débordé. Dans son livre *Transformez votre vie*, Louise Hay a écrit : « Le corps, comme toute autre chose dans la vie, est le miroir de nos pensées et de nos croyances intérieures. Notre corps nous parle continuellement ; si seulement nous prenions le temps de l'écouter. Chaque cellule de votre corps réagit à chacune de vos pensées et de vos paroles. » En ralen-tissant et en écoutant votre corps, votre conscience prendra de l'expansion et votre vie se transformera.

Nous avons aussi besoin d'écouter notre cœur et notre esprit alors qu'ils nous parlent de nos passions, de nos rêves et de nos désirs. Votre cœur et votre esprit révèlent la per-sonne que vous êtes — vos dons, ce que vous aimez, ce que vous n'aimez pas et vos besoins —, et ils vous aident à pré-ciser l'orientation de votre vie et votre raison d'être. Assis calmement, écoutez votre cœur, et remarquez ce qui met un sourire sur votre visage, ce qui vous apporte un sentiment de confort chaleureux, ce qui stimule vos passions et inspire votre créativité. Portez attention à ce qui ouvre votre cœur et nourrit votre âme. Une certaine relation ou une certaine atmosphère vous élève-t-elle et vous inspire-t-elle ? Peut-être que votre cœur s'ouvre lorsque la nature vous entoure, ou lorsque vous êtes au milieu d'une ville, entouré de gens aux antécédents culturels variés. Chacun de nous possède des passions et des désirs uniques ; écoutez et suivez ce que vous dicte votre cœur, et votre vie aura plus de sens.

Si nous voulons établir une relation solide avec nous-mêmes, il est important de nous connecter sur une base quotidienne. Je parle de *prendre un moment d'arrêt* ou de se *centrer*. Tant de distractions dans la vie sont causées par nos relations ou des éléments stressants inattendus qu'il est facile de se laisser emporter. Par exemple, votre partenaire peut rentrer à la maison de mauvaise humeur, vous plaçant par conséquent dans une zone négative. Ou votre enfant peut tomber malade, ce qui fait que vous devez rester à la maison au lieu d'aller travailler ; vous prenez donc du retard sur un projet. En renforçant votre connexion intérieure par une routine quotidienne, vous serez en mesure de prendre des décisions plus solides parce que vous vous sentirez mieux équilibré. L'humeur de votre partenaire ne vous atteindra plus, et la maladie de votre enfant ne vous stressera plus. Vous vous sentirez plus paisible, plus fort et plus lucide ; et vous serez en mesure de vivre votre vie selon votre raison d'être et votre orientation — vous pourrez suivre votre propre cheminement au lieu de passer votre vie à réagir aux événements qui se produisent autour de vous.

De plus, lorsque vous prenez le temps d'être présent pour vous-même, vous vous donnez la chance de réfléchir à vos sentiments et à vos expériences. Il nous arrive tellement souvent de passer d'une activité à l'autre en ignorant ce que nous ressentons. Si nous sommes attentifs, nous pouvons reconnaître nos sentiments et les traiter au lieu de les réprimer dans notre cœur jusqu'à ce qu'ils émergent finalement sous forme de maladie ou de crises de colère.

Robin, une psychologue de quarante-huit ans, enseigne à ses clients des aptitudes de «recentrage essentiel» pour diminuer leur stress et augmenter la détente, l'équilibre, le rajeunissement et leurs propres réactions naturelles de guérison. «Lorsqu'il se crée du stress, le plus petit incident peut provoquer une désintégration totale : la colère, la peur, les cris, les drames comme des scènes au bureau de poste ou à l'épicerie», a expliqué Robin.

«Il est important d'apprendre à nous détendre, mais il faut de la pratique, beaucoup de pratique. C'est un travail difficile», a-t-elle ajouté. Par conséquent, il est important de mettre au point une routine quotidienne qui nous convient et où nous nous sentons confortables.

Il existe plusieurs moyens de retrouver l'équilibre, de vous recentrer, et de vous connecter à votre sagesse intérieure : faire du conditionnement physique, passer du temps dans la nature, méditer, prier, tenir un journal, pratiquer le yoga, aller à l'église, ou parler avec un thérapeute ou un ami qui pense comme vous. Lorsque vous développez votre pratique, faites l'essai de différentes modalités jusqu'à ce que vous découvriez ce qui vous convient le mieux.

La méditation est une technique qui peut aider à se détendre, à équilibrer nos émotions, et à faire taire le bavardage de nos esprits affairés. En plus de nous aider à nous aligner avec notre sagesse intérieure, la méditation nous procure aussi des bienfaits physiques, comme la baisse de la tension artérielle. Ce qui suit est un exemple d'une façon de commencer :

Trouvez un lieu où vous ne serez pas interrompu, comme un endroit tranquille dans votre maison ou dans la nature — au som-

met d'une montagne, sous un arbre, ou près d'un ruisseau. Asseyez-vous dans une position confortable, la colonne bien droite. Fermez les yeux et commencez à vous concentrer sur votre respiration.. En même temps que vous suivez la sensation de votre respiration, remarquez votre état d'esprit. Vos pensées se bousculent-elles ? Sont-elles positives ou négatives ? Ne jugez pas ce que vous observez, il vous suffit d'en prendre conscience. En vous concentrant ainsi, vous stabiliserez votre attention, et cela vous permettra d'être attentif et alerte. Si vous vous sentez inconfortable, cessez de vous concentrer sur votre respiration pendant un moment et élargissez votre point de concentration en remarquant ce que vous observez avec vos sens, comme des sons qui apparaissent et disparaissent ou des sensations dans votre corps. Avec de la pratique, votre esprit finira par se calmer et vous remarquerez que vos pensées s'espacent. Permettez à ces moments de s'espacer encore plus, alors que vous êtes assis dans un silence conscient.

Commencez par vous asseoir en restant immobile cinq minutes à la fois. Lorsque vous vous sentez confortable à faire cet exercice, augmentez le temps que vous y passez ou augmentez le nombre de vos méditations. Par exemple, faites deux courtes méditations par jour plutôt qu'une seule. Vous pouvez aussi méditer brièvement pendant que vous prenez une pause au travail, tranquillement assis dans votre voiture, dans votre bureau la porte fermée ou dans un parc tout près. Après avoir fermé les yeux, concentrez-vous sur votre respiration. À chaque expiration, libérez la tension de votre journée et détendez-vous. Connectez-vous à votre sagesse intérieure et écoutez. Qu'est-ce que votre corps vous communique ? Que souhaite votre cœur ? Essayez de vous poser une question en répondant oui ou non, et écoutez ce qui se manifeste. Alors que vous vous entraînez à prendre un moment d'arrêt pour vous recentrer, remarquez comment vous vous sentez. Vous sentez-vous plus équilibré, plus lucide et plus calme?

Dans l'immobilité et le silence, nous pouvons nous connecter à notre source infinie d'amour, de joie, de paix et de sagesse. Les réponses émergent de l'obscurité, éclairant notre chemin. Nous sommes en mesure de prendre contact avec les parties les plus intimes de nous-mêmes, les parties qui ont besoin de guérison, avec nos peurs et avec notre lumière. Il est essentiel de créer du silence et de l'immobilité dans nos vies chaotiques et affairées pour vivre une vie remplie de sens.

Ce qui suit est un exemple d'une routine quotidienne de vingt minutes qui vous permet de prendre un moment d'arrêt et d'immobiliser votre esprit :

- Chaque matin, écrivez dans votre journal pendant dix minutes, notez vos pensées, vos sentiments et vos expériences. Parlez d'un événement ou d'une conversation qui vous trouble. Notez vos rêves de la nuit précédente. Notez-y vos intentions pour la journée et toutes les raisons pour lesquelles vous éprouvez de la reconnaissance. Écrivez rapidement, avec tout votre cœur, libérant votre esprit.
- Après avoir écrit dans votre journal, priez et méditez pendant dix minutes. Passez un moment à visualiser vos désirs, et exprimez votre gratitude pour ce qui s'est déjà manifesté dans votre vie. Demandez que l'on vous

guide, et écoutez. Ralentissez vos pensées et écoutez vraiment.

• Avant d'aller dormir le soir, créez une intention sur ce que vous souhaitez qui arrive, comme : «Je désire recevoir plus de conseils au sujet d'un article que j'écris», «J'aimerais dormir profondément et me sentir reposé lorsque je m'éveille» ou «Je veux que cette douleur soit guérie.» En définissant bien vos intentions avant d'aller dormir, vous permettez à l'Univers de vous aider par l'entremise de votre subconscient.

• Réveillez-vous le matin suivant et recommencez en écrivant dans votre journal.

Si vous songez : «Ça semble magnifique, mais je n'ai pas le temps», considérez qu'en exécutant ce processus, vous pourriez en fait ménager du temps. En effet, lorsque vous vous sentez équilibré et connecté, les événements se déroulent plus aisément. Vous êtes guidé vers les meilleures actions, les ressources d'aide se présentent sans que vous vous y attendiez, et vous accomplissez vos tâches avec aisance et grâce.

En vous engageant à prendre un moment d'arrêt quotidiennement pour vous centrer sur votre sagesse intérieure, vous acquerrez plus de lucidité concernant votre raison d'être et la direction de votre vie ; vous vivrez plus d'amour et de paix, et votre vie en sera transformée.

Passez du temps de qualité dans la nature

En passant du temps de qualité dans la nature, nous pouvons nous connecter plus profondément avec nous-mêmes.

Entourés de béton et cloisonnés dans nos maisons, nos voitures et nos bureaux, plusieurs d'entre nous ont perdu ce lien vital. Lorsque nous passons du temps à l'extérieur, ralentissons suffisamment pour être complètement présent avec tous nos sens — pour observer la complexité d'une fleur ou d'un papillon, pour vraiment écouter les oiseaux chanter ou le vent bruire à travers les feuilles d'un arbre, sentir le gazon fraîchement coupé, ou tremper nos orteils dans l'eau fraîche d'un ruisseau alpin. En prenant le temps de nous connecter intimement avec la nature, nous prenons conscience du lien intérieur qui unit toutes choses vivantes et nous sommes ramenés à l'essentiel. Nos soucis matériels disparaissent, et nous avons l'occasion de connaître une joie, une abondance et une vitalité extraordinaires.

Pendant que je faisais de la randonnée l'autre jour, j'ai consciemment ralenti pour me rapprocher de la nature. J'ai remarqué à quel point les insectes, les coléoptères et les papillons étaient affairés ; j'ai aussi observé l'aisance avec laquelle le filet d'eau coulait de la montagne, avec une mission et une direction précises, il suivait la voie qui offrait le moins de résistance, tout en nourrissant la vie le long du chemin. Les plantes, les oiseaux et les arbres se sentaient tous chez eux dans leur environnement, réalisant leur objectif respectif sans doute ou hésitation, accomplissant ce qui leur était naturel, suivant les cycles et les saisons de la vie ; chacun d'eux exerçant la fonction qui leur est propre.

Les papillons m'ont enseigné la beauté, la souplesse, et la grâce ; ils m'ont aussi appris l'importance de passer à travers notre propre métamorphose et notre propre transformation avant de pouvoir déployer nos ailes et voler. Chacun possède sa beauté unique — de taille, de forme et de couleur différente. Ces petits êtres me rappellent notre propre unicité et l'imagination de notre merveilleux Créateur. Alors que l'eau claire de la montagne glissait sur elles, j'ai remarqué que les pierres présentaient aussi une diversité de couleurs — orange, rouge, vert et violet — et que les magnifiques fleurs sauvages étaient indigo, violettes, jaunes, orange, roses et blanches.

En ralentissant et en prenant le temps d'être présente, je me suis sentie plongée dans cette toile de la vie, reliée à la force vitale de toutes les choses vivantes. Les arbres, les insectes, les animaux et les rochers possèdent tous une force vitale à différents niveaux de densité et de conscience. À mesure que je m'absorbais dans la vie éclatante et la conscience qui m'entouraient, je me sentais remplie de vie. Mon cœur était ouvert et plein de gratitude pour la sagesse, la beauté et la grâce de la nature, de même que pour toutes ses leçons.

Serveuse et mère de famille de quarante-cinq ans, Diane aime courir. Récemment, elle a pris conscience de son lien vital avec la terre; au lieu de faire de la course sur des trottoirs et des rues en béton, elle a commencé à courir sur des pistes de montagnes. Enthousiaste, elle m'a confié : « Après avoir couru, je ne veux plus revenir à l'intérieur. J'aimerais vivre dans un tipi pour être tout le temps à l'extérieur. » En se retrouvant dans la nature, son esprit s'anime et elle se sent vigoureuse et plus vivante que jamais.

Étant donné que Diane ne peut pas vivre à l'extérieur à plein temps, elle fait ce qu'elle peut pour transporter la nature dans sa maison. « Ma maison est remplie de plantes, de pierres, de coquillages, et même de sable », a-t-elle expliqué.

Lors de sa dernière excursion à la plage, elle a rapporté du sable dans une boîte pour pouvoir y mettre les pieds. Diane a dit avec emphase : «La nature n'est jamais trop occupée. Elle ne dit jamais "Oh, demain" ou "Plus tard". Elle a tout le temps du monde. C'est à vous de ralentir et de trouver le temps.»

Alors que vous ralentissez et que vous passez des moments de qualité dans la nature, exercez-vous à être immobile et silencieux. Écoutez votre sagesse intérieure. Des leçons ou des messages vous sont-ils communiqués ? Que pouvez-vous apprendre en observant la nature ? Remarquez la perfection divine dans l'étonnant dessin d'une fleur ou d'une étoile de mer. Étant donné que vous faites partie de la nature, vous êtes aussi superbe, parfait et complet — tel que vous êtes. Il existe en vous une abondante richesse intérieure et vous n'avez pas à la chercher à l'extérieur de vous-même. Il vous suffit d'être ce que vous êtes.

Quelle est votre relation avec la nature ? Est-elle personnelle et intime, comme un meilleur ami, ou distante, comme un parent oublié que vous voyez par intervalles éloignés ? Quel geste pouvez-vous accomplir pour renforcer ce lien vital ? Si vous habitez la ville, trouvez un parc ou une plage dans les environs et passez-y du temps régulièrement. Enlevez vos chaussures et marchez pieds nus sur la pelouse, la terre ou le sable. Regardez les étoiles et la Lune en contemplant l'immensité de l'Univers. Méditez sur les vagues de l'océan alors qu'elles se gonflent et se brisent sans cesse.

En passant du temps de qualité dans la nature, vous apporterez un équilibre dans votre vie, une plus grande vitalité, et un lien plus solide avec votre sagesse intérieure.

Établissez un lien avec votre source

Nous disposons tous d'une source infinie d'amour et d'abondance. Chacun de nous a également accès à ce flot d'énergie. Comme dans le cas d'un robinet, nous avons la capacité de maîtriser le flot — de tourner le robinet pour l'ouvrir ou pour le fermer. C'est notre choix. L'autre jour, durant une randonnée, je me suis arrêtée pour méditer devant un arbre superbe et plein de vigueur. L'arbre poussait dans la trajectoire d'un ruisseau. À cause de son lien constant avec sa source de vie, il grandissait, fort et en santé. De la même manière, lorsque nous tirons parti de la source d'amour et d'abondance toujours présente, nous nous épanouissons comme le fait l'arbre et nous ressentons le bien-être.

Si nous voulons accéder à cette source d'énergie, il est utile d'élever notre propre énergie vibratoire en augmentant le nombre de pensées et de sentiments positifs, comme l'amour et la joie. Lorsque nous rehaussons notre énergie vibratoire, nous créons un canal pur, libéré des blocages, et nous sommes encore plus en mesure de recevoir l'abondance.

La pratique de la méditation est un excellent moyen d'augmenter votre énergie vibratoire et de renforcer votre connexion à la source. Pour vous préparer à la méditation, et pour calmer votre esprit, essayer de pratiquer le yoga. Cette discipline vous aidera aussi à retrouver l'équilibre et la lucidité, à soulager l'anxiété et la dépression, à guérir les blessures émotionnelles, et à augmenter votre sentiment de pouvoir personnel. La rédaction d'un journal peut aussi être utile pour vous préparer à la méditation, en vous aidant à vous libérer du bavardage de votre esprit. Julia Cameron, auteure de *Libérez votre créativité*, suggère d'écrire trois pages tous les matins. À la première heure le matin, remplissez trois pages de journal avec vos pensées, vos sentiments, vos rêves et vos expériences, écrivant avec votre cœur aussi rapidement que vous en êtes capable. Durant le processus, vous prendrez conscience des blocages ou des peurs que vous vivez actuellement ; vous pourrez alors créer des affirmations positives pour commencer à les transformer.

Voici quelques techniques supplémentaires pour purifier votre énergie, pour élever votre niveau vibratoire et vous connecter à la source :

• Méditez régulièrement avec un groupe d'amis. C'est un moyen incroyablement puissant d'augmenter les vibrations de votre énergie d'amour et de joie, tout en vous permettant d'atteindre des niveaux de conscience plus profonds.

• Lorsque vous prenez une douche ou un bain, soyez attentif ; l'eau est un transformateur d'énergie très puissant. Pendant que vous prenez une douche, définissez bien vos intentions de vous purifier de toute énergie négative, et imaginez que cette énergie est évacuée par le drain. Imaginez le flot d'eau comme étant de la lumière blanche qui circule en vous et qui vous entoure. Quand vous prenez un bain, utilisez des sels de mer ou des sels d'Epsom. Combinez-les à du bicarbonate de soude pour un effet purificateur encore plus puissant. Ajoutez des huiles essentielles comme la lavande, le romarin et la sauge.

• Faites brûler de l'encens ou de la sauge pour purifier l'énergie stagnante dans votre maison ou dans votre bureau.

- Participez à un rituel ou à une cérémonie avec l'intention de purifier les blocages. Écrivez sur une feuille de papier, ou soufflez à travers un tube en pensant aux choses dont vous voulez vous débarrasser; puis faites brûler ces résidus. Cet exercice peut se faire individuellement ou dans un groupe. (Un rituel de groupe est plus puissant, étant donné que l'énergie est d'autant plus forte.)

- Créez un espace sacré en allumant un cierge, en faisant brûler de l'encens, en jouant de la musique inspirante, en aménageant un autel avec des objets significatifs, ou en utilisant des sons — comme en faisant sonner une cloche.

- Priez, exprimez de la gratitude envers le Créateur pour tout ce que vous êtes et tout ce qui se retrouve dans votre vie. L'amour et la gratitude sont les formes d'énergie les plus élevées. Utilisez la prière comme un dialogue de pouvoir plutôt que de supplication; par exemple, dites: « Montrez-moi ce que j'ai besoin de voir. Enseignez-moi ce que j'ai besoin de savoir. Emmenez-moi où je dois aller. »

- Faites des harmonies, chantez, récitez des incantations ou poussez des soupirs — il s'agit d'utiliser la vibration de votre propre voix pour déplacer de l'énergie. Pendant que vous soupirez, imaginez l'énergie qui naît au sommet de votre tête, qui se déplace vers le bas de votre corps et qui est expirée à travers vos pieds jusque dans la terre. Répétez cet exercice plusieurs fois, jusqu'à ce que vous vous sentiez plus léger.

- Exercez-vous à respirer profondément. Respirez à partir de votre nez, envoyant le souffle jusqu'à votre ventre pour le gonfler comme un ballon. Lorsque vous expirez, faites sortir l'air de vos poumons en vous servant de tous les muscles de votre abdomen. Créez un mouvement équivalent entre votre inspiration et votre expiration. Continuez jusqu'à ce que vous vous sentiez dispos.

- Cultivez votre habileté à être présent durant votre routine quotidienne ; comme lorsque vous mangez, prenez une douche, conduisez et faites de l'exercice. Écrivez « Sois attentif » sur des fiches pour vous souvenir de ralentir et d'être présent. Placez-les un peu partout dans votre maison, près de votre bureau et dans votre voiture.
- Portez attention à ce que vous mangez. Évitez le sucre, la caféine, la nicotine, l'alcool, et le chocolat. Buvez de l'eau pure et mangez beaucoup de fruits et de légumes frais biologiques.
- Engagez-vous dans des activités où il y a du mouvement, comme la danse, l'exercice, la marche rapide, le Qi gong, ou le tai-chi.
- Déplacez l'énergie bloquée avec l'acupuncture, l'acupressure, la chiropractie ou le massage.
- Exprimez votre créativité par la peinture, par le dessin ou en jouant de la musique.
- Écoutez de la musique à vibration élevée qui vous aide à bien vous sentir.
- Entourez-vous de gens, d'endroits et de choses que vous aimez.

Les techniques précédentes vous aideront à nettoyer votre énergie et à élever votre vibration pour que vous puissiez accéder à la source ultime d'amour et d'abondance. Comme résultat, vous ferez l'expérience d'un plus grand sentiment de bien-être et de joie. Vous disposerez aussi d'un canal ouvert pour recevoir plus de clairvoyance et de guidance.

Dans une récente entrevue, Dan Millman, l'auteur du *Guerrier pacifique*, a dit ceci : « Il n'existe pas de manque de Dieu ou de manque d'esprit ou de beauté ou d'inspiration —, quel que soit le nom que nous voulons lui donner. C'est toujours là, mais nous ne le remarquons pas toujours. » Lorsque nous serons consciemment connectés à notre source, notre esprit s'éveillera. Nous remarquerons la beauté qui nous entoure dans notre vie quotidienne et nous ne tiendrons pas pour acquis les cadeaux miraculeux qui se présentent.

Prenez des pauses régulièrement

Il nous est nécessaire de prendre des pauses régulièrement, afin de ralentir et de créer des liens. En sortant de notre routine quotidienne pour méditer, réfléchir et contempler notre vie, nous pouvons devenir plus lucides, nous restaurons notre équilibre et rechargeons nos piles. En passant un moment dans la solitude, nous revitalisons notre approvisionnement d'amour et d'énergie et nous sommes plus en mesure de donner de nous-mêmes.

Gina, la psychothérapeute de cinquante et un ans que j'ai mentionnée plus tôt, a récemment passé une semaine seule dans une retraite fermée. Elle n'a pas regardé la télévision, vérifié ses messages téléphoniques ou électroniques, ni même écouté de la musique. Elle a plutôt jeûné pendant quelques jours pour nettoyer son organisme, elle a passé du temps en méditation profonde, elle a préparé des repas biologiques sains, elle a marché en plein air et elle a dormi.

Elle m'a confié : «Je ne me suis pas ennuyée ou sentie seule pendant une seule seconde.»

Enthousiaste, elle a poursuivi, «Cette retraite a purifié mon cerveau. J'ai l'impression d'avoir acquis une grande lucidité sur ce que je veux, et sur ce que je suis prête à faire.» Gina est retournée chez elle avec un sentiment d'énergie et de lucidité renouvelé à propos de sa vie. «C'est la meilleure chose que je n'aie jamais faite.»

À partir de maintenant, elle projette de répéter l'aventure chaque année. «Certaines femmes s'y opposeront en disant qu'il leur est impossible de s'éloigner longtemps de leurs enfants, mais ma famille a remarqué la différence en moi, et ils ont fort bien survécu à mon absence», a expliqué Gina.

Dans la mesure du possible, prenez le temps de faire une retraite où vous pourrez passer du temps substantiel dans l'immobilité et dans le silence. Si vous ne pouvez vous payer le luxe de vous éloigner pendant toute une semaine, programmez un week-end pour vous-même, pour laisser derrière toutes les responsabilités et toutes les distractions de votre vie.

Voyager est une autre façon de prendre une pause et de nous éloigner de notre routine. Les voyages éveillent nos sens et nous aident à être plus présents et plus en mesure de nous connecter. C'est particulièrement vrai lorsque nous partons pour d'autres pays où les paysages, les sons et les odeurs sont uniques et où la culture, la langue et les coutumes sont si différentes. Planifiez régulièrement des vacances vers des endroits nouveaux et excitants que vous avez toujours voulu visiter.

Nous avons aussi besoin de prendre un temps d'arrêt pour célébrer nos réalisations — un travail bien fait, un projet créatif réussi, la naissance d'une nouvelle vie, l'achat d'une nouvelle maison, l'aboutissement de nos rêves. Les cultures autochtones avaient l'habitude de célébrer tous les cycles des saisons, incluant les solstices et les équinoxes. On honorait aussi les moments de transition de la vie, comme le moment où un garçon ou une fille atteignait l'âge de la puberté. En marquant les transitions de votre vie avant de passer à la prochaine destination, vous pourrez mieux vivre leur caractère sacré.

Les cultures autochtones peuvent nous enseigner à vivre dans l'harmonie et l'équilibre, et à traiter la vie comme étant sacrée. Nous dépensons tellement d'énergie à viser la réussite — en nous acharnant, rivalisant, travaillant. À travers ce processus, nous avons perdu notre lien les uns avec les autres, avec la Source, avec la Terre et avec nous-mêmes. Comme résultat, beaucoup d'entre nous éprouvent de l'insatisfaction. Cette façon de vivre détruit aussi notre planète, l'endroit où nous vivons. Avant qu'il ne soit trop tard, nous devons apprendre à équilibrer l'énergie dépensée vers l'action et la réussite, et l'énergie investie dans l'immobilité et la réceptivité.

Exercices

1. Apprenez à être attentif pendant votre routine quotidienne : comme lorsque vous mangez, prenez une douche, conduisez ou faites de l'exercice. Écrivez « Sois attentif » sur des fiches pour vous souvenir de ralentir et d'être présent. Fixez-les dans votre maison, dans votre bureau et dans votre voiture.

2. Développez l'habitude, quotidiennement, de ralentir et prenez un moment d'arrêt. Essayez d'écrire dans votre journal pendant dix minutes. D'une écriture continue, écrivez avec votre cœur, vos pensées, vos sentiments et vos expériences. Puis, assis tranquillement, en vous concentrant sur votre respiration, méditez pendant dix minutes. Écoutez la sagesse de votre corps. Qu'est-il en train de vous communiquer? Que vous dit votre cœur? Quand vous avez terminé votre méditation, écrivez de nouveau dans votre journal et laissez votre sagesse intérieure pénétrer en vous.

3. Réservez du temps dans votre semaine pour être en plein air et vous immerger dans la nature, même s'il s'agit simplement de vous asseoir dans votre cour arrière ou de vous promener dans une rue bordée d'arbres. Enlevez vos chaussures et marchez sur le gazon, le sable ou la terre. Sentez les fleurs. Écoutez les oiseaux chanter. Soyez totalement présent avec tous vos sens et remarquez comment vous vous sentez.

4. Créez un espace sacré dans votre maison où vous pouvez prier, écrire dans votre journal, méditer, faire du yoga, chanter et danser. Allumez une bougie, faites brûler de l'encens, jouez de la musique et installez un autel avec des photographies et des objets qui ont un sens pour vous. C'est votre endroit spécial pour vous connecter. Visitez-le fréquemment.

5. Programmez du temps seul pour une retraite fermée, que ce soit pour une journée, un week-end ou une semaine. Fermez votre téléphone, votre téléavertisseur, votre ordinateur et votre téléviseur. Jeûnez pendant une journée ou deux, puis ne consommez que des aliments

biologiques non traités. Soyez totalement présent à vous-même ; passez du temps à écrire dans votre journal, à méditer, à marcher à l'extérieur et à dormir. Remarquez comment vous vous sentez. Avez-vous plus d'énergie et de clarté ? Prenez une telle retraite au moins une fois par année.

Méditation guidée

Cette méditation est destinée à vous aider à vous connecter avec ce qui est en dessous (la terre), ce qui est en haut (la Source), ce qui se trouve à l'intérieur et à l'extérieur — à travers le cœur et l'amour.

Asseyez-vous confortablement sur une chaise les pieds sur le plancher et le dos bien droit. Commencez à concentrer votre attention vers l'intérieur de votre être. Observez votre respiration et voyez à ce qu'elle devienne de plus en plus profonde. Créez un flot rythmique en espaçant également chaque inspiration et chaque expiration. Lorsque vous commencez à vous détendre, notez toutes les régions de votre corps où vous ressentez de la tension ou de l'inconfort, et envoyez votre respiration vers ces endroits en permettant ainsi à la tension de s'apaiser et de se relâcher. Ensuite, notez la qualité de vos pensées. Essayez d'immobiliser votre esprit pendant que vous êtes paisiblement assis dans un état silencieux de conscience.

Visualisez des racines qui poussent à partir de vos pieds, et qui s'enfoncent profondément dans la terre. À mesure qu'elles poussent, imaginez aussi qu'elles s'étendent horizontalement, vous procurant une fondation solide et forte. Ensuite, imaginez l'énergie de la terre qui arrive et monte dans vos racines. Imaginez que l'énergie est de couleur rouge. Cette énergie vous nourrit et vous supporte. Elle circule à partir de vos racines et se dirige vers le haut. Elle passe par la plante de vos pieds, puis vos jambes, dans la région pelvienne, dans l'abdomen et dans la poitrine. Elle sort par vos bras, passe par votre cou et votre visage, et ressort par le dessus de votre tête. C'est une source continue d'énergie en mouvement qui monte jusqu'au ciel.

Imaginez que des branches poussent à partir de vos bras et du dessus de votre tête. Vos branches s'allongent très haut, atteignant les étoiles et s'étendant sur la largeur de l'horizon. Vous êtes un arbre fort, vigoureux, magnifique, profondément enraciné et enfoncé dans la terre en même temps qu'il s'étend et qu'il rejoint l'Univers. Prenez un moment pour ressentir votre expansion. Vous êtes énorme.

Maintenant, imaginez l'Univers qui déverse un flot d'énergie dans vos branches. Elle est d'un blanc rayonnant, comme des diamants étincelants, et elle vous immerge d'amour et de joie. Elle vous pénètre à travers vos bras et par la couronne de votre tête, elle sort ensuite par l'extrémité de vos pieds jusque dans la terre, pénétrant chaque cellule de votre corps.

L'énergie court maintenant dans deux directions — jusque dans l'Univers et jusque dans la terre. Alors qu'elle circule dans votre corps, elle vous donne de l'énergie et vous purifie, vous libérant des blocages. Prenez un moment pour faire l'expérience de ce flot d'énergie pure et dynamique. Les canaux de l'énergie en circulation commencent à ralentir et à s'installer au centre de votre cœur, où ils se mélangent et se transforment en un rose rayonnant. Concentrez-vous un moment sur cette énergie nouvellement créée — alors qu'elle s'étend de votre cœur vers tout ce qui vous entoure. Elle remplit la pièce où vous vous trouvez, elle remplit votre maison, et prend de l'expansion pour remplir votre quartier, votre ville, votre État et votre pays, jusqu'à ce qu'elle entoure la planète et se connecte à tous les êtres. C'est votre amour. Imaginez que cet amour revient jusqu'à vous, vous englobant et vous enveloppant, pénétrant chaque cellule de votre être. Savourez cet amour.

Lorsque vous avez l'impression d'avoir réalisé votre objectif, revenez lentement et doucement dans la pièce et ouvrez les yeux. Notez votre expérience et toutes les nouvelles pensées qui ont émergé en vous. Servez-vous de cette méditation pour vous aider à vous sentir ancré, équilibré et interconnecté.

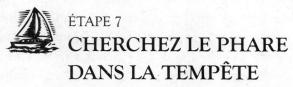

ÉTAPE 7

CHERCHEZ LE PHARE
DANS LA TEMPÊTE
Transformez l'adversité

On peut tout enlever à un homme à l'exception
d'une chose : la dernière des libertés humaines
— celle de décider, quelles que soient les
circonstances, de choisir sa propre voie.

— VIKTOR FRANKL

L e 21 août 1998. *Nous venons tout juste de terminer notre pre-mière traversée océanique de Fiji jusqu'à Vanuatu — quatre journées de paix et de beauté absolues, mêlées à l'anxiété et à l'agitation provoquées par la rencontre d'une tempête. Je suis en train d'apprendre que dans la vie, il est impossible d'apprécier pleinement les moments paisibles sans les tempêtes. Les tempêtes, c'est ce qui teste et bâtit notre caractère, c'est ce qui nous rend plus forts et plus sages. Dans le cas de notre traversée, la tempête a contribué à mon sentiment d'aventure et d'accomplissement. Dans la juxtaposition des mers houleuses et des cieux ensoleillés, on peut découvrir une aventure véritable ainsi qu'un « moment où l'on vit vraiment ».*

Croyez en une raison d'être supérieure

Dans son livre *Découvrir un sens à sa vie avec la logothérapie*, un livre sincère et envoûtant sur la vie dans les camps de concentration de l'Allemagne hitlérienne, Viktor Frankl, un survivant, écrit que malgré toutes les circonstances externes que peut connaître une personne, elle possède une liberté spirituelle intérieure qu'il est impossible de lui retirer. En tant que prisonnier, aucun d'eux ne savait ce que le jour suivant pouvait apporter, il était donc impératif pour eux de garder espoir en l'avenir. Ils ignoraient quand se terminerait la guerre, ou même si on les libérerait. La seule chose qu'il leur restait, c'était leur attitude. Il explique : « C'est cette liberté spirituelle — qu'il est impossible de retirer à la per-sonne — qui donne un sens et une raison d'être à la vie. » Ceux qui ont continué à espérer et qui conservaient une vision de l'avenir ont survécu. Ceux qui ont perdu espoir sont morts.

Comme êtres humains, nous rencontrons tous de l'adversité — la douleur, la souffrance, le deuil. Ces situations font partie de la condition humaine. La façon dont nous réagissons est un choix. Nous pouvons choisir de faire face à nos épreuves avec une attitude courageuse et positive, les transformant ainsi, pour donner encore plus de sens à notre vie. Nous pouvons aussi demeurer coincés dans notre douleur et devenir amers. Une autre option est de nous engourdir avec des dépendances comme la nourriture, la télévision, le travail, l'alcool et les drogues. En agissant ainsi, nous évitons la douleur, mais nous demeurons insatisfaits, vides et sans joie.

Pour transformer l'adversité, nous devons apprendre de nos épreuves et leur permettre de nous rendre plus forts, plus sages et plus compatissants. Pour apprendre, il est important d'exprimer nos sentiments de douleur, de colère, de deuil et de désespoir afin d'être en mesure d'aller de l'avant. En exprimant notre reconnaissance pour tous les bienfaits de notre vie, et en conservant une attitude positive, nous pouvons traverser et dépasser notre douleur, et voir le phare dans la tempête. En donnant généreusement aux autres, nous transformons notre propre souffrance.

Transformer l'adversité signifie que nous choisissons de prendre la bonne voie ; en comprenant qu'il existe un sens plus profond à notre vie et aux défis auxquels nous faisons face. Nous cherchons les leçons potentielles et les cadeaux dans les circonstances douloureuses. Au lieu de nous apitoyer sur notre sort et de nous demander : «Pourquoi moi ?» nous demandons : «Comment puis-je apprendre et grandir à partir de cette expérience ?» et «Quel objectif cette situation sert-elle dans ma vie et dans la vie de ceux qui m'entourent ?»

Il nous arrive parfois d'être incapables de voir l'objectif supérieur, mais en cherchant le phare dans la tempête, nous apprenons à avoir confiance et à avoir foi en l'existence de cette raison d'être.

Exprimez vos sentiments

Les tempêtes de notre vie bâtissent notre caractère, nous rendent plus forts et nous aident à grandir en sagesse et en amour. Elles nous donnent des leçons sur notre identité et sur ce que nous voulons, illuminant notre chemin comme un clair de lune sur l'océan. Mais si nous voulons apprendre et grandir à partir de ces tempêtes, nous devons être présents face à nos sentiments et à nos émotions. Nous avons besoin d'expérimenter et d'exprimer la peine, la perte, la colère, la peur ou le désespoir. Si nous ignorons ou dénions ces sentiments, nous risquons de demeurer coincés et nous finirons par vivre plus de souffrance. De plus, lorsque nous réprimons nos émotions, il se peut que les autres les ressentent quand même, ce qui les fait souffrir à leur tour. Par exemple, si vous vous retenez d'exprimer votre colère, vos êtres chers auront peut-être l'impression qu'ils marchent sur des œufs lorsqu'ils sont près de vous, craignant que vous n'explosiez.

Lorsque vous vous exprimez, trouvez des moyens constructifs et sains pour y arriver : vous pouvez tenir un journal, parler avec un ami ou un thérapeute en qui vous avez confiance, réaliser des créations artistiques, ou jouer d'un instrument de musique. Lorsque vous verbalisez vos sentiments, il est important de ne pas vous plaindre, en transformant ce moment d'expression en une séance d'apitoiement sur vous-même. Reconnaissez vos expériences douloureuses et faites-y face, mais ne vous y attardez pas.

Il faut trouver un équilibre entre exprimer nos émotions et vivre avec des émotions bloquées. Après avoir reconnu vos émotions, essayez de comprendre la leçon ou l'objectif supérieur. En voyant le phare dans la tempête, vous serez guidé vers un endroit où vous vous sentirez plus en sécurité et où vos émotions complexes se transformeront. Pour cela, il vous faudra probablement du temps, soyez donc patient et ne craignez pas de demander de l'aide, il s'agit de l'un des gestes les plus courageux que vous pouvez poser.

Si vous vivez actuellement une situation douloureuse, comme un emploi insatisfaisant, un mariage malheureux, ou une menace à votre santé, prenez le temps d'être présent chaque jour et de faire face à tous les sentiments qui émergent. À travers ce processus, demandez-vous : «Que puis-je apprendre de cette expérience? Ai-je joué un rôle dans la manifestation de cette situation?» Peut-être avez-vous pris un emploi parce que vous aviez besoin d'un revenu, mais que ce n'était pas ce que désirait votre cœur. Ou peut-être êtes-vous malheureux dans une relation parce que vous n'avez pas été honnête avec vous-même et avec l'autre personne. En faisant face à vos pensées, à vos sentiments et à vos émotions, vous gagnerez de la compréhension et de la clarté, et vous pourrez prendre des mesures pour avancer sur une voie positive.

Il nous arrive parfois d'être incapables de faire quoi que ce soit pour améliorer la situation. Pendant ces moments, les circonstances extérieures de notre vie sont hors de notre contrôle, comme dans le cas d'une maladie en phase terminale. Mais comme l'a suggéré Frankl, ce que nous pouvons maîtriser, c'est notre attitude et notre perception des événements. Il a écrit : «Sa seule chance réside dans la façon dont il porte son fardeau.» Comment portez-vous votre fardeau ? Est-ce avec dignité et respect de vous-même ? Êtes-vous honnête avec vous-même et avec les autres par rapport à vos sentiments ? Ou vous complaisez-vous en vous apitoyant sur vous-même ? Engourdissez-vous vos sentiments avec de l'alcool, des drogues ou d'autres dépendances ?

Si vous affrontez vos épreuves avec courage et que vous vous exprimez honnêtement, non seulement avez-vous l'occasion d'apprendre, mais vous devenez aussi une inspiration pour les autres. Comme le héros ou une héroïne d'un bon film, vous pouvez inspirer les autres à puiser dans les profondeurs de leur propre réservoir de force intérieure et de courage.

Transformation par la perte

L'une des expériences les plus douloureuses qu'il nous est possible de vivre, c'est de voir quelqu'un que nous aimons souffrir et mourir. Mais en tant qu'êtres humains, la perte d'êtres chers est inévitable, il nous faut donc apprendre à guérir et à transformer notre deuil afin de pouvoir poursuivre une vie qui a plus de sens. Autrement, le deuil nous accablera et nous empêchera de vivre pleinement. En transformant le deuil, nous nous donnons l'occasion de grandir sur le plan spirituel et d'élargir notre expérience de l'amour, de la joie et de la compassion. L'histoire suivante en est une illustration.

Beau, les cheveux blonds, les yeux bleus, le teint clair, il avait l'air d'un ange pendant son sommeil. C'était le 16 mai 1999. Assise dans une chambre d'hôpital stérilisée de l'unité des soins intensifs, au chevet du lit de mort de mon frère, j'étais nerveuse alors que j'attendais l'occasion idéale pour lui communiquer d'importants messages. Kyle faisait le va-et-vient entre le monde éveillé et celui du sommeil, mais il était toujours conscient. Sa chambre, située en face d'un poste d'infirmières, était plutôt bruyante. Pendant l'un de ses moments paisibles et éveillés, j'ai finalement rassemblé mon courage pour bavarder avec lui. Je lui ai parlé de spiritualité et de la façon dont je comprenais l'Au-delà, espérant faire diminuer sa crainte de la mort. Je lui ai dit que c'était bien de *lâcher prise* et de faire la transition lorsqu'il serait prêt. Étant donné qu'il était très près de sa sœur jumelle, Kara, et que je ne voulais pas qu'il s'inquiète à son sujet, je l'ai rassuré qu'elle allait bien. Les larmes ruisselaient sur ses joues. Pendant que je tenais sa main, il a pu me communiquer ses pensées les plus profondes, ses peurs et ses sentiments — c'était une expérience de guérison pour nous deux.

Cinq jours plus tard, Kyle est décédé, à l'âge de quinze ans, suite à des complications de la fibrose kystique, une maladie génétique mortelle. Pendant son combat contre la maladie et la mort, il avait été un modèle de courage. Ses dernières paroles ont été : « Ce n'est pas si mal. » Kyle m'a appris à ne pas craindre la mort, et comme résultat, je me sens libre de vivre sans m'imposer de limites.

Trois ans et trois jours plus tard, mon père est mort du cancer. (Je crois vraiment que c'est arrivé parce qu'il avait le cœur brisé. Il aimait tant mon frère.) Il avait soixante-quatre ans et il avait récemment pris sa retraite après avoir travaillé pour la même entreprise pendant trente-quatre ans.

Comme Kyle, mon père a été fort et brave durant son combat contre le cancer. Lorsqu'il s'est abandonné, il est mort en paix entouré de sa famille. Ses dernières paroles ont été un cadeau. Même s'il n'était pas un homme religieux, il a dit : « Dieu, te voici » plusieurs fois, et son dernier mot murmuré a été « Kyle ». Il nous a fait comprendre qu'il était en sécurité et entre bonnes mains, avec son Créateur et son fils.

Cette expérience m'a d'autant plus aidée à accepter la mort et elle m'a enseigné à poursuivre mes rêves dès *maintenant* plutôt que d'attendre et de réaliser qu'il est trop tard.

La perte d'un être cher est une expérience qui transforme la vie. Pendant notre deuil, nous avons la possibilité d'accéder aux endroits les plus profonds de la tristesse — vivant pleinement notre humanité —, mais nous avons aussi accès à notre amour et à notre joie. Si nous nous souvenons que la profondeur de notre tristesse est directement proportionnelle à la force de notre amour pour la personne décédée, le processus de guérison en sera de beaucoup facilité. Il est impératif d'exprimer son deuil. Lorsque nous étouffons nos sentiments, le deuil nous accable, provoquant ainsi de la colère, du ressentiment et de la maladie. Si nous laissons nos sentiments circuler comme une rivière, nous ouvrons notre cœur, créant de la place pour plus d'amour, de joie et de compassion.

Y a-t-il en vous un deuil inexprimé à la suite du décès d'un être cher ? Si oui, songez à créer un rituel significatif. Par exemple, un an après la mort de mon frère, la famille et les amis se sont rassemblés pour participer à une cérémonie pour planter un arbre en son honneur. Chaque anniversaire, nous nous souvenons de lui en faisant une randonnée vers l'arbre qui lui a été dédié. D'une façon similaire, un an après la mort de mon père, nous avons affrété un voilier et nous avons répandu ses cendres dans un endroit où il adorait naviguer. Ces rituels nous ont aidés à traverser les différentes phases de notre deuil. Songez à inventer un rituel pour honorer les autres pertes de votre vie, comme le divorce, un changement d'emploi ou un déménagement. En reconnaissant vos pertes, vous les transformerez et vous serez en mesure d'avancer pour vivre encore plus d'amour et de joie, et de reconnaître la raison d'être de votre vie.

Soyez reconnaissant

Dans son livre *The Hidden Messages in Water*, le docteur Masaru Emoto démontre le pouvoir de nos pensées et de nos émotions sur l'eau en prenant des photographies de cristaux d'eau après les avoir exposés à différents mots. Il a découvert que les mots « amour » et « gratitude » produisaient les cristaux d'eau les plus magnifiques. Les mots qui faisaient mal, comme « tu es un imbécile » ne généraient même pas de cristaux. Étant donné que votre corps est composé d'eau à 70 pour cent, vos pensées peuvent avoir un effet profond sur la façon dont vous vous sentez ; il est donc important d'y prêter attention. En augmentant votre niveau de conscience, vous pouvez travailler à transformer vos pensées et à les rendre plus positives. Ainsi, vous vous sentirez mieux, peu importe les circonstances de votre vie.

Il peut être très difficile de conserver une attitude positive et de se sentir reconnaissant lorsque nous sommes en train de vivre expérience douloureuse. Mais l'un des meilleurs moyens de transformer l'adversité, c'est de concentrer notre attention sur ce que nous aimons et sur ce que nous apprécions plutôt que sur notre souffrance. Par exemple, lorsque vous venez de vivre la mort d'un être cher, concentrez vos pensées et vos émotions sur ce que vous aimiez chez cette personne, sur ses forces et ses qualités positives, et sur ce qu'elle vous a appris, plutôt que de penser au vide et à la nostalgie que son absence crée chez vous. En vous concentrant sur le positif, vous ne déniez pas vos sentiments de tristesse, mais vous leur permettez de se transformer. Essayez cet exercice : après avoir pleuré et vous être libéré d'un peu de votre chagrin, visualisez que vous remplissez l'espace que vous avez créé avec de l'amour et de la gratitude pour la personne. Remplacez votre tristesse par une pensée ou un souvenir positif.

Lorsque nous conservons une attitude positive et que nous passons courageusement à travers nos épreuves, non seulement en profitons-nous, mais nous avons ainsi l'occasion de transformer la vie des gens qui nous entourent. Récemment, j'ai passé du temps à Seattle avec mon beau-père de soixante-treize ans. Il souffre de sclérose latérale amyotrophique (SLA), une maladie mortelle responsable de la dégénérescence musculaire. Il peut à peine s'occuper de lui-même et passe environ seize heures par jour au lit, branché à une machine à oxygène. Lorsqu'il n'est pas au lit, il s'assoit sur sa chaise préférée dans la salle familiale.

Avant de lui rendre visite, je me sentais nerveuse de le voir ; il s'était écoulé plus de six mois depuis notre dernière visite et sa condition avait empiré. Je m'attendais à être triste et déprimée, mais à ma grande surprise, je me suis sentie inspirée. L'attitude de mon beau-père était tellement positive, et sa foi si solide, que ma tristesse s'est transformée en joie d'être à ses côtés. Il m'a confié qu'il ne voyait pas sa maladie comme une « chose terrible », mais plutôt comme quelque chose qui était « tout simplement arrivé ». Il ne semble pas s'apitoyer sur son sort et est plutôt reconnaissant que tout cela ne se soit pas produit quand il était plus jeune. Il essaie de tirer le meilleur de chaque journée et d'apprécier toutes les bénédictions qu'il reçoit. Même s'il est très limité sur le plan physique, son esprit chaleureux continue à avoir de l'influence et à enrichir la vie de ceux qui l'entourent. Cette attitude lui permet de trouver un sens profond à sa vie.

Lorsque vous vous sentez coincés dans les émotions du désespoir, écrivez un « journal de gratitude ». Songez à toutes les personnes, les événements et les choses de votre vie pour lesquels vous éprouvez de la reconnaissance ; comme des relations attentionnées, des animaux de compagnie affectueux, une maison confortable, un travail que vous aimez ou une bonne santé. N'oubliez pas d'être précis et de vous concentrer aussi sur les détails, comme : « J'aime la couleur des murs de mon bureau » ou « J'apprécie les jonquilles jaunes dans la cour avant. » En vous attardant sur ce que vous aimez et appréciez, vos émotions se transformeront et vous commencerez à vous sentir mieux.

Donnez de tout votre cœur

Lorsqu'on se sent désespéré et déprimé, nos pensées se concentrent principalement sur nous-mêmes — sur nos problèmes et sur nos inconforts. Mais lorsque nous déplaçons le point de mire et que nous mettons les autres en première place, nous commençons immédiatement à nous sentir mieux. Nos problèmes ne nous semblent plus insurmontables, car nous nous apercevons que nous ne sommes pas seuls. De plus, lorsque nous soulageons la souffrance des autres, nous apaisons aussi la nôtre. L'Univers est mû par une loi spirituelle donnée : comme l'air dans le processus de la respiration, les choses adoptent certaines formes pour bientôt se transformer et adopter de nouvelles formes ; il y a ainsi un mouvement continuel. Par conséquent, ce que nous donnons, nous le recevons. Par exemple, si nous donnons de l'amour et de la joie, nous recevons l'amour et la joie en retour.

Donner de tout notre cœur, c'est donner de nous-mêmes — de la personne que nous sommes — et être complètement présent pour permettre à l'Esprit de circuler à travers nous. Peu importe la grosseur du cadeau, l'important c'est l'intention — l'amour et la générosité derrière le geste. Sénèque, philosophe et politicien romain, a écrit : « L'intention avec laquelle une chose est donnée détermine le montant que l'on attribue à la dette ; c'est l'intention, et non la valeur nominale du cadeau, qui est pesée. » En d'autres mots, ce n'est pas *ce que* nous donnons, mais *le fait* que nous donnons et *comment* nous le donnons. Le fait de donner de tout notre cœur avec joie, et non à contrecœur ou par culpabilité, vous profitera à vous et à celui qui reçoit.

Il existe plusieurs façons de donner. L'une d'elles, c'est d'exprimer régulièrement votre gratitude et votre reconnaissance aux gens qui vous entourent en leur exprimant vos sentiments ou en leur offrant un cadeau ou une carte, ou en leur faisant un compliment. Vous pouvez aussi surprendre la personne : comme vous charger des tâches de votre partenaire, ou préparer son plat préféré. Lorsque vous donnez de tout votre cœur, faites-le inconditionnellement sans vous attendre à recevoir quoi que ce soit en retour ; autrement, vous donnerez l'impression de vous sacrifier et vous perdrez le mérite de votre générosité.

Si vous avez traversé une expérience douloureuse, songez à donner aux gens qui passent à leur tour par le même type d'épreuve. Votre vie s'en trouvera enrichie de sens et de raison d'être, et vos actions procureront à d'autres du réconfort et de l'espoir. Par exemple, une fois par année, ma famille et moi faisons du bénévolat pour une collecte de fonds pour le CFRI (Cystic Fibrosis Research Institute), un organisme qui fait des recherches dans le but de trouver un remède à la fibrose kystique. En donnant notre temps et notre énergie, nous nous concentrons sur quelque chose de positif, plutôt que de nous complaire dans le deuil au sujet de la mort de Kyle. Nous nous sentons aussi heureux de voir que ce que nous avons traversé nous permet maintenant de faire une différence positive dans la vie d'autres personnes.

Si vous traversez des moments difficiles et que vous vous sentez déprimé, songez à vous impliquer. N'existe-t-il pas une cause qui est significative pour vous, pour laquelle vous pourriez faire du bénévolat? Un voisin ou un ami qui a besoin d'aide? Pourquoi ne pas exprimer votre reconnaissance aux personnes qui vous entourent?

Pratiquez l'exercice suivant : pendant une semaine, essayez de donner à toute personne que vous rencontrez. Rappelez-vous, ce peut être simple, comme faire un sourire ou un compliment, ou avoir une pensée positive au sujet de quelqu'un. Ayez l'intention d'être dans le moment présent et demandez-vous : «Que puis-je offrir à cette personne dans cette situation?» Peut-être profitera-t-elle de votre présence affectueuse ou de vos bons mots. Créez un pense-bête, en écrivant sur une fiche que vous transportez dans votre poche, ou sur des notes autocollantes que vous placez dans votre maison, votre voiture et votre bureau.

Ensuite, permettez-vous d'éprouver de la reconnaissance pour les cadeaux qui se présentent à vous. Chaque instant nous offre un présent, prêtez donc attention et recevez!

Si vous donnez trop et que vous vous sentez épuisé, il est bien possible que votre principe de réciprocité soit déséquilibré. Vous donnez à partir d'un vaisseau vide plutôt que d'un endroit de trop-plein. Peut-être n'avez-vous pas appris à recevoir. C'est un processus circulaire ; si nous voulons donner, nous devons être remplis, mais nous pouvons aussi nous remplir en donnant. Prenez le temps d'examiner votre façon de donner. Est-ce par un débordement d'amour, de joie et d'abondance, ou est-ce que cela vous épuise ? Si vous êtes épuisé, examinez la façon par laquelle vous empêchez la réception. De quelle manière pouvez-vous vous ouvrir à plus d'abondance ? Vous faut-il travailler à modifier votre attitude par rapport au don ? Vous faudrait-il changer votre *façon* de donner ?

À mesure que vous donnez à partir de votre cœur et que vous êtes en équilibre avec le mouvement de la réciprocité, vos expériences négatives commenceront à se transformer et vous constaterez que votre vie a plus de sens.

Choisissez de voir le phare

Les plus grands triomphes de l'humanité — les plus grandes œuvres d'art, de poésie, de littérature et de création — ont souvent pris naissance dans l'adversité. Lorsque nous triomphons de nos épreuves, nous inspirons d'autres personnes, et donnons de l'espoir à toute l'humanité. Nos épreuves nous inspirent aussi à nous dépasser et à vivre au mieux de nos capacités. Mais il est bien possible que ces épreuves produisent l'effet opposé si nous leur en laissons la chance, causant ainsi un blocage et nous rendant critiques envers la vie. C'est à nous de choisir.

Un an après le passage de l'ouragan Katrina en Nouvelle-Orléans, John, un conseiller aux ventes de quarante-huit ans, a décrit l'adversité que lui et son épouse ont vécue et la manière par laquelle ils ont pu continuer leur vie sans se laisser freiner par le désespoir.

Lui et sa famille ayant été évacués avant la tempête, John est revenu à la maison une semaine plus tard. Il a décrit la situation : « Les rues étaient encombrées de voitures. C'était le chaos total. » Il est immédiatement passé en « mode survie » et a commencé à réparer les trous dans le toit de sa maison. Puis est arrivé l'ouragan Rita, qui a créé un tout nouveau stress. Il a dû quitter sa maison pour aider des membres de sa famille à être évacués dans un autre secteur. « Voici Rita qui nous tombe sur la tête. C'était presque comique », a-t-il raconté. À cause de la tempête, il a passé environ un mois avec sa famille et a été capable de créer des liens avec ses nièces et ses neveux — une expérience positive, malgré la situation stressante.

De retour chez lui, John a passé les cinq mois suivants à réparer sa maison. Il vivait au milieu de la destruction, pendant que son épouse aménageait une nouvelle maison au Colorado. La tempête et ses séquelles l'avaient forcé à déménager et à trouver un nouvel emploi. John a décrit leur quartier comme une « ville fantôme ». On avait imposé un couvre-feu ; chaque soir, il fallait revenir dans la ville avant 17 heures. Il n'y avait ni gaz ni électricité dans la maison ; par conséquent, il devait acheter de la glace pour conserver sa nourriture et de l'essence pour alimenter sa génératrice. Des contrôles policiers étaient postés un peu partout dans la ville. Il a eu de la difficulté à trouver de la nourriture et de l'essence pour sa voiture. À elle seule, l'odeur dégagée par les trois cent mille réfrigérateurs mis au rebut était horrible ; sans mentionner les déchets éparpillés un peu partout, sans personne pour les ramasser.

Malgré la destruction qui l'entourait, John a pu voir le phare dans la tempête. Il a dit : « Je ne me suis pas mis en colère, et je n'ai pas passé mon temps à m'apitoyer sur moi-même ou à penser "pauvre de moi". » Il a plutôt suivi le courant, il a retroussé ses manches et s'est mis au travail. « Lorsque l'appel retentit, vous n'avez qu'à sauter sur l'occasion et agir », a expliqué John.

Au lieu de s'apitoyer sur sa maison détruite, John a vu le positif de la situation. « Nous avons vraiment eu beaucoup de chance, a-t-il dit. D'autres personnes ont souffert encore plus des pertes physiques. » À l'endroit où il habitait, il n'y avait pas eu de pertes de vie. Les choses auraient pu être bien pires. Outre le fait de percevoir la chose d'une manière positive, il a aussi prié pour obtenir la force et la détermination nécessaires pour continuer. De plus, il était soutenu par les quelques personnes qui demeuraient encore dans son quartier, et qui se sont unies pour lui offrir de l'aide. John m'a confié qu'un « esprit de quartier » s'était créé.

La perspective positive de John et sa capacité de voir le phare dans la tempête lui ont permis d'avancer dans sa vie. Il a expliqué : « Je n'ai pas tenu pour acquis nos droits et libertés. » Il apprécie ce qu'il possède et prend conscience de ce qu'il aurait pu perdre.

Lorsque nous nous trouvons au beau milieu d'une situation ou de circonstances dévastatrices, nous ne pouvons peut-être pas maîtriser ce qui se passe autour de nous — comme l'ouragan Katrina qui a semé la destruction —, mais nous pouvons choisir l'attitude avec laquelle nous approcherons les événements qui surviennent, et les actions que nous effectuerons pour remédier à la situation. John est un exemple extraordinaire d'une personne qui s'est concentrée sur le positif et qui a reçu la force nécessaire pour effectuer des changements utiles afin d'avancer. Il a creusé profondément en lui-même pour trouver la force et les ressources nécessaires pour persévérer. Comme résultat, lorsqu'il fera face à d'autres tempêtes dans sa vie, il saura qu'il possède le courage et la foi nécessaires pour naviguer à travers elles.

Vicki, cinquante-deux ans, mère de deux adolescents, a reçu le diagnostic du lymphome non hodgkinien, en stade quatre; un cancer des cellules du système lymphatique. Ce diagnostic a été soudain et surprenant, elle avait peu de symptômes, sa santé avait toujours été bonne, et il n'y avait pas d'antécédents de cancer dans sa famille.

« J'ai toujours pensé "il y a une raison pour laquelle je dois affronter cette maladie" », a expliqué Vicki. Elle ne s'est jamais apitoyée sur elle-même ni ne s'est demandé : « Pourquoi moi ? » Elle s'est plutôt interrogée : « Que puis-je apprendre de cette expérience ? »

De plus, elle voulait être un exemple positif pour sa famille et ses amis, surtout pour ses enfants. Elle avait connu plusieurs modèles émulateurs qui l'avaient bien préparée. En voyant d'autres personnes triompher de leurs épreuves, elle avait compris qu'elle avait un choix : accepter l'événement et en tirer le meilleur parti possible, ou se complaire dans la négativité.

Vicki croit dans la philosophie bouddhiste qui dit ceci :
« La douleur et la souffrance résultent de la résistance à ce
qui est. » Elle a ajouté : « Lorsque nous résistons et que nous
vivons dans un état de peur, de colère et de ressentiment,
nous créons une énergie qui ne guérit pas. »

L'attitude positive de Vicki et sa capacité d'accepter ce
qui existe ont fait partie du processus. Elle travaille constamment pour s'empêcher de glisser dans le négativisme et dans
les anciens modèles de comportement, en écrivant dans
son journal, en faisant des méditations quotidiennes et de
l'imagerie guidée, et en lisant des livres. De plus, le soutien
de sa famille et de ses amis lui a procuré la force nécessaire
pour continuer. « Le soutien que j'ai obtenu de chacun était
tout simplement incroyable. Cela m'a ouvert les yeux », se
souvient-elle. Un ami a organisé un transport pour ses
séances de chimiothérapie et a préparé de la nourriture pour
sa famille. Son réfrigérateur et son congélateur n'avaient
« jamais paru si pleins et ne le paraîtront jamais plus ».

Suivant cette épreuve dans sa vie, Vicki a confié : « Je me
sens plus reconnaissante pour beaucoup de choses que je
tenais pour acquises auparavant. » Ses amitiés sont devenues plus intimes et plus solides. De plus, elle souhaite
donner en retour en faisant du bénévolat et en aidant les
autres. Elle veut pouvoir dire : « J'ai aidé à faire de ce monde
un meilleur endroit pour y vivre. »

Son cancer est maintenant en rémission, et on s'attend à
ce qu'il en soit ainsi pour au moins dix années. L'attitude
positive de Vicki, sa foi en une puissance supérieure, et son
engagement envers la guérison l'ont aidée à triompher de
l'adversité et l'ont transformée. Cette attitude lui a peut-être
même sauvé la vie.

Chaque moment de chaque journée, nous avons le pouvoir de choisir la manière dont nous approchons les événements de notre vie. Nous pouvons résister à nos expériences difficiles, causant ainsi plus de douleur et de souffrance. Ou nous pouvons les transformer en cherchant le phare dans la tempête, et en ayant confiance en une raison d'être supérieure. Si nous nous complaisons dans des émotions désespérées et demeurons bloqués par le chagrin, nous compromettons l'apparition de l'espoir, de la renaissance et d'une nouvelle vie. Si nous marchons sur un bourgeon de fleur, l'empêchant de recevoir le soleil, il ne pourra croître et s'épanouir. Si nous visons le soleil et voyons la lumière, tout en laissant nos tragédies et nos épreuves nous permettre de grandir et de nous épanouir, nous pourrons leur donner un sens et accomplir quelque chose de positif dans notre vie.

Laissez vos épreuves vous renforcer. Permettez-leur de vous motiver afin d'atteindre les profondeurs de votre être, pour que vous deveniez la personne que vous êtes destiné à devenir.

Exercices

1. Décrivez vos histoires personnelles en expliquant comment vous avez été une victime («pauvre moi», «pourquoi moi?»). Concentrez-vous sur les endroits où vous retenez de la colère, du ressentiment et du chagrin. Sur une échelle de 1 à 10 (1 = pas du tout, 10 = énormément), à quel point ces histoires influencent-elles votre vie aujourd'hui? Que pouvez-vous faire pour diminuer ce chiffre d'au moins un point? Expliquez.

2. Si vous vivez présentement de l'adversité, êtes-vous honnête envers vous-même et envers les autres au sujet

de vos sentiments? Ou réprimez-vous vos émotions? Prenez le temps de faire face à vos expériences douloureuses en écrivant dans votre journal, en parlant à un ami en qui vous avez confiance ou à un thérapeute, ou exprimez-vous de façon créative au moyen de la musique ou d'un art.

3. Avez-vous connu le décès d'un être cher ou d'autres pertes majeures dans votre vie? Où êtes-vous dans un processus de deuil? Retenez-vous des larmes de tristesse? Si oui, donnez-vous le temps et l'espace pour faire ce deuil. Mettez-vous à l'écoute de votre corps pour voir où ce deuil pourrait être bloqué, et visualisez une transmission de lumière et d'amour dans cette région. Créez un rituel significatif pour vous aider à réaliser ce processus de transformation.

4. L'un des meilleurs moyens pour conserver une attitude positive, c'est d'exprimer votre gratitude sur une base quotidienne. Créez une liste de toutes les choses pour lesquelles vous êtes reconnaissant et fixez-la à un endroit où vous la verrez facilement. Commencez un «journal de gratitude» et écrivez dans ce journal quand vous avez envie de vous apitoyer sur votre sort. Commencez chaque journée par une prière ou une méditation de gratitude et observez les gratifications qui se présentent à vous.

5. Prenez le temps d'examiner votre façon de donner. Est-ce avec un débordement d'amour, de joie et d'abondance, ou est-ce que cela vous épuise? Bloquez-vous le flot des choses que vous recevez? De quelle façon pouvez-vous laisser entrer plus d'abondance dans votre vie pour créer l'équilibre et la réciprocité? Remarquez comment

vous vous sentez lorsque vous donnez inconditionnellement de tout votre cœur. Recevez-vous de la même
manière que vous donnez ? Expliquez.

Méditation guidée

Cette méditation vise à expérimenter un sentiment de gratitude pour tout ce que vous êtes et tout ce qui se trouve dans
votre vie.

*Asseyez-vous confortablement sur une chaise ou croisez les jambes
en vous assoyant sur un coussin sur le plancher, le dos bien droit
et les mains reposant sur vos genoux. Commencez à concentrer
votre attention vers l'intérieur de votre être. Observez votre respiration et voyez à ce qu'elle devienne de plus en plus profonde.
Créez un flot rythmique en espaçant également chaque inspiration
et chaque expiration. Lorsque vous commencez à vous détendre,
notez toutes les régions de votre corps où vous ressentez de la
tension ou de l'inconfort, et envoyez votre respiration vers ces
endroits, permettant ainsi à la tension de s'apaiser et de se relâcher.
Ensuite, notez la qualité de vos pensées. Essayez d'immobiliser
votre esprit pendant que vous êtes paisiblement assis dans un
état silencieux de conscience.*

*Pénétrez votre corps et prêtez attention à toutes les fonctions
qu'il exécute pour vous garder en vie, sans jamais vous demander
un effort. Commencez par votre tête. Votre cerveau travaille
vingt-quatre heures par jour, vos yeux embrassent la beauté tout
autour de vous, votre bouche et votre nez respirent l'oxygène, vos
oreilles entendent les sons de la création, et même vos cils exécutent
une fonction en protégeant vos yeux. Continuez et descendez à
votre gorge et dans votre poitrine. Sentez votre cœur qui palpite et*

qui bat. *Il pompe du sang dans tout votre être. Portez attention à l'intérieur de votre ventre. Votre estomac, vos intestins et votre côlon travaillent en collaboration pour apporter des éléments nutritifs à votre sang. Tout votre corps est un organisme incroyable, composé de millions de parties qui travaillent ensemble automatiquement. Non seulement êtes-vous une création physique miraculeuse, mais aussi une merveille spirituelle. Vous possédez une personnalité unique et des talents et des dons spéciaux ; vos qualités sont différentes de celles de toute autre personne dans le monde entier. Prenez un moment pour imaginer toutes vos belles qualités. À chaque respiration, détendez-vous plus profondément dans un état d'amour et de gratitude pour le miracle que vous êtes.*

Visualisez tout ce que vous aimez et appréciez dans votre vie : les gens qui vous aiment et qui vous soutiennent, votre maison, vos animaux de compagnie, votre travail et la beauté naturelle de la Terre — les arbres, les fleurs, les oiseaux et les animaux. À mesure que chaque image traverse votre esprit, entourez-la d'amour et de gratitude. Imaginez la lumière qui émerge de votre cœur et étreint la personne ou l'image pour laquelle vous êtes reconnaissant. Passez quelque temps ici et savourez le merveilleux sentiment de donner de la gratitude du fond de votre cœur, et de recevoir en retour le présent de l'amour. Sentez la chaleur et l'amour de votre lien à la vie elle-même. Vous êtes reconnaissant d'être en vie !

Lorsque vous avez l'impression d'avoir réalisé votre objectif, revenez lentement et doucement dans la pièce et ouvrez les yeux. Notez votre expérience et toutes les nouvelles idées qui vous sont venues. Faites l'essai de cette méditation lorsque vous vous sentez déprimé ou que vous vous apitoyez sur vous-même.

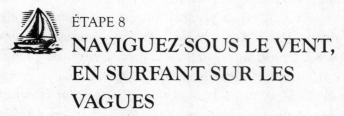

ÉTAPE 8

NAVIGUEZ SOUS LE VENT, EN SURFANT SUR LES VAGUES
Ayez confiance et lâchez prise

Le bonheur ne se trouve pas grâce à de grands efforts ou une volonté à tout crin, mais dans la relaxation et le lâcher-prise. Vous n'avez rien à faire, ni à forcer, ni à vouloir — tout arrive spontanément.

— LAMA GENDUN RINPOCHE

*L*e 10 septembre 1998. *En sortant de la cabine pour entrer dans le cockpit pour mon quart de 8 h 30, je suis soulagée de voir le firmament bleu et ensoleillé. Les bourrasques de pluie ont finalement cessé. Au-delà de la proue du bateau apparaissent de grosses vagues de six mètres, résultat du temps orageux. Naviguant sous le vent, surfant sur les vagues, j'ai l'estomac noué — comme si j'étais dans des montagnes russes. C'est grisant et amusant. M'abandonnant à la puissance de l'océan, je me sens détendue et paisible.*

Naviguez sous le vent avec les vagues

Alors que nous naviguions dans le Pacifique Sud et que nous devions affronter des tempêtes, nous avions positionné notre bateau pour naviguer sous le vent avec les vagues, ainsi nous nous sentions plus confortables et plus à l'aise. Si nous nous étions dirigés contre le vent et les vagues, nous aurions beaucoup souffert. Cette métaphore peut s'appliquer à notre vie : elle nous parle de l'importance de suivre le courant, d'accepter ce qui est, et d'avoir la certitude qu'on prendra soin de nous. Lorsque nous résistons à la vie, en allant à contre courant, nous créons des difficultés pour nous-mêmes et pour les autres.

La résistance est le résultat de la peur, et elle a un effet constricteur — causant de la tension et de l'anxiété. Cette attitude nous empêche de connaître la joie et d'avancer. Étant donné que nous vivons dans une culture qui mise sur la peur, il est difficile de faire confiance et de lâcher prise. Les médias nous rappellent constamment le besoin de nous protéger contre les désastres naturels, les maladies et le crime ; nous vivons ainsi dans un état d'anxiété. Par conséquent, dans une tentative pour la contrôler, nous étouffons la vie en nous y agrippant trop fort. Dans ce processus, nous créons souvent ce que justement nous craignons. Par exemple, une amie enceinte nous a récemment raconté qu'elle avait regardé une émission à la télévision qui parlait des femmes en couches et des complications qui pouvaient survenir. L'émission l'a effrayée et l'a rendue anxieuse à propos du travail qui s'en venait. Il pourra donc être difficile pour elle de se détendre durant l'accouchement.

La seule vérité que nous connaissons, c'est que rien n'est permanent. Le changement est une partie essentielle de la vie. Tout ce qui prend forme finira par changer de forme. Tout ce qui est créé finira par cesser d'exister. Par conséquent, lorsque nous tentons de nous accrocher, nous allons à l'encontre du tissu même de la vie — c'est là la seule vérité acquise —, et nous finissons par nous apporter encore plus de souffrance. Par exemple, la mort crée un changement de forme et la possibilité de quelque chose de nouveau ; pourtant, nous consacrons beaucoup de temps, d'énergie et d'argent à tenter de l'éviter. En essayant de fuir et de retarder le moment qu'il nous est impossible d'éviter, nous résistons à la vie ; c'est une attitude stressante qui provoque de l'insatisfaction.

D'un autre côté, la confiance provoque un sentiment d'ouverture, de légèreté et de liberté. Elle exige que nous acceptions ce qui se trouve dans nos vies, que nous nous abandonnions au résultat, et que nous nous libérions de nos attachements. En faisant confiance à la nature même de la vie qui est d'être en changement perpétuel, nous sommes en mesure de nous détendre et de suivre le courant ; tout comme le voilier qui navigue sous le vent et avec les vagues. Lorsque nous intégrons plus de divertissement, de rire et de plaisir dans nos vies, nous devenons plus réceptifs, et nous permettons à notre plus grand bien de se manifester. C'est ainsi que nous pourrons naviguer avec légèreté dans la vie de nos rêves.

Faire confiance et lâcher prise, c'est comme positionner sa grande voile de telle sorte que le vent puisse la gonfler pleinement, nous permettant de naviguer aisément. Par opposition, si la voile est mal positionnée, nous nous retrouvons dans une « zone morte » — le bateau qui va face au vent ne peut produire de pouvoir pour naviguer. Lorsque nous réglons nos voiles pour leur permettre de capter le vent, lorsqu'elles sont réglées à la perfection, nous pouvons atteindre une vitesse optimale, correspondante aux conditions du vent. Ainsi positionnés, nous entreprenons une navigation confortable ; et nous avons l'impression d'être en harmonie avec le monde.

S'abandonner au résultat

S'abandonner signifie que nous nous détendons complètement dans le moment présent, avec acceptation et amour — que nous renonçons à essayer de tout maîtriser, et que nous acceptons l'existence d'une puissance supérieure (Dieu/Créateur). Nous savons qu'il existe un plan pour notre vie et que nous recevrons toute l'aide nécessaire pour réaliser notre objectif. S'abandonner ne signifie pas tout lâcher et se sentir désespéré, il s'agit plutôt d'abandonner nos idées et nos croyances sur la vie à une intelligence supérieure qui tient compte de notre plus grand bien.

Tout en nous abandonnant, il n'est pas nécessaire de renoncer à nos rêves et à nos désirs puisqu'ils alimentent notre passion. Mais nous devons laisser aller nos attentes sur la façon dont nos rêves et nos désirs vont se manifester, ainsi que sur le moment de sa concrétisation. Entretenir des attentes, c'est nous préparer à être déçus. En étant patients et en ayant confiance dans le fait que notre vie est dirigée par un destin et un plan supérieurs inspirés de la perfection divine, nous sommes plus en mesure de vivre dans le moment et de nous montrer chaque jour avec toute notre énergie présente et disponible.

Permettre à nos désirs de nous pousser vers l'action, alors qu'en même temps nous abandonnons notre attachement au résultat, est un équilibre difficile à atteindre. Par exemple, supposons que vous éprouvez de la difficulté à devenir enceinte. Au lieu d'abandonner la partie, vous explorez les différentes options et vous passez des tests pour vous assurer que les choses fonctionnent convenablement. Puis vous choisissez le moment le plus opportun chaque mois pour faire l'amour avec votre partenaire, mais sans vous attacher au résultat. Dans tout ce processus, vous n'avez pas renoncé à votre désir, mais vous vous êtes abandonnée au résultat, faisant confiance à la raison d'être supérieure de votre vie. Vous pourrez alors agir dans un état d'esprit plus détendu et profiter de l'expérience.

Voici des signes qui indiquent que vous êtes mû par la peur plutôt que par la confiance et que vous essayez de maîtriser le résultat : avoir besoin que toutes choses et tout le monde — incluant nous-mêmes — soient parfaits ; essayer de maîtriser le comportement d'une autre personne ; vouloir que les choses soient faites à notre façon ; être inflexible, rigide et réticent à changer ; croire que nous avons raison et que tout le monde a tort ; et assumer des responsabilités à outrance, croyant que nous sommes les seuls à pouvoir accomplir le travail

Par exemple, lorsqu'on m'a téléphoné pour m'apprendre que mon père était hospitalisé et qu'il avait le cancer, j'ai immédiatement succombé à la peur et j'ai tenté de contrôler le résultat en priant pour qu'il vive. Je lui ai acheté des enregistrements de méditations guidées pour qu'il les écoute et j'ai essayé de lui trouver des aliments sains. Je voulais qu'il guérisse et que les choses se passent à *ma manière*.

Le processus pour m'abandonner et lâcher prise ressemblait à des montagnes russes où alternaient l'espoir, le désespoir, l'espoir, le désespoir et finalement l'acceptation. En effet, mon père a failli mourir durant la première semaine de son hospitalisation, à la suite d'une infection causée par la chimiothérapie. Les médecins avaient suggéré de le laisser aller. Mais ma famille et moi étions tellement malheureux que nous avons choisi de le maintenir en vie artificiellement. Miraculeusement, il s'est rétabli de l'infection et on lui a retiré ce maintien des fonctions vitales. Il avait défié les prévisions des médecins et nous donnait, par conséquent, l'espoir d'une guérison. D'autres miracles se sont aussi produits — pas physiquement, comme nous le souhaitions, mais émotionnellement et spirituellement. Par exemple, au moment où ma belle-mère a lu leurs vœux de mariage pendant qu'il était maintenu en vie, il paraissait inconscient — mais il a pleuré.

Finalement, avant son décès, j'ai pu accepter sa condition et m'abandonner. J'ai alors pu me détendre, être plus présente et disponible, et vivre le caractère sacré du moment lorsqu'il a poussé son dernier soupir.

Y a-t-il des circonstances dans votre vie où vous avez de la difficulté à accepter de ne pas tout maîtriser ? Si oui, demandez qu'on vous enseigne comment vous abandonner et lâcher prise. Récitez la prière suivante tirée des douze Étapes : « Mon Dieu, accordez-moi la sérénité d'accepter ce que je ne peux changer, le courage de changer ce que je peux changer, et la sagesse d'en connaître la différence. » Priez pour comprendre ce sur quoi vous avez le contrôle et quels gestes il vous faut poser. Puis détendez-vous et lâchez prise.

En abandonnant notre conception sur ce que doit être notre vie, nous sommes en mesure d'être présents chaque jour, ouverts et disponibles, remplis d'énergie, prêts à vivre une vie passionnée et significative.

Abandonnez vos attachements

Apprendre à faire confiance est un processus continu et qui dure toute la vie. Une étape importante de ce processus consiste à abandonner nos attachements. Lorsque nous sommes trop attachés à un rêve, une croyance, une idée, une relation, ou un objet matériel, nous créons une énergie stagnante qui nous lie et nous limite, épuisant souvent l'énergie qui nous est nécessaire pour créer la chose même que nous désirons vraiment. Il se peut bien que l'abandon de nos attachements entraîne un processus de deuil, mais alors que nous faisons ce deuil, que nous nous abandonnons et que nous lâchons prise, nous créons de la place pour qu'apparaisse quelque chose de nouveau — souvent il s'agit exactement de ce que nous souhaitions au tout début. L'histoire suivante en est une illustration.

Deux chevaux et trois baudets vivaient dans un pré clôturé derrière notre maison à Big Bear. Pendant les deux dernières années, j'avais développé beaucoup d'affection pour ces animaux et il m'arrivait fréquemment de les regarder brouter. Un jour, à cause de la vente de la propriété, ils ont déménagé et je ne les ai plus revus. J'en étais fort attristée. Le jour suivant, vingt et un baudets sauvages en pleine santé se sont montrés pour brouter dans le pré ouvert. C'était un plaisir de les entendre et de les observer.

Le deuil et l'abandon de mon attachement aux premiers chevaux et baudets avaient créé de la place pour que je ressente du bonheur à nouveau lorsque les animaux sauvages se sont présentés.

Peut-être avez-vous complété un projet, mais vous vous y accrochez toujours, bloquant ainsi l'énergie qui pourrait servir à une nouvelle création. Lorsque nous créons à partir de notre essence, de notre passion, c'est comme si nous donnions naissance à une nouvelle vie. Que ce soit une peinture, un livre, de la musique ou le démarrage d'une nouvelle entreprise, il se peut que nous nous attachions à nos créations et que cela nous bloque et nous empêche d'avancer. Par exemple, on a récemment conseillé à une amie d'organiser une cérémonie pour laisser aller symboliquement tous les projets d'écriture auxquels elle s'était consacrée au cours des dernières années. Alors qu'elle dirigeait la cérémonie, elle a été surprise de ressentir du chagrin. Elle avait mis tellement de cœur dans ces projets. Mais une fois qu'elle en a fait le deuil et qu'elle s'est consciemment engagée dans l'acte de lâcher prise, il lui est resté plus de place et de liberté pour exprimer sa passion et recommencer à créer.

L'un des domaines où il est le plus difficile d'abandonner nos attachements est celui de nos relations. Il ne s'agit pas nécessairement de renoncer à la relation, mais plutôt de renoncer à notre *attachement* à cette relation — en essayant de maîtriser l'autre personne, ou d'avoir besoin qu'elle nous satisfasse et nous rende heureux. Lorsque nous lâchons prise, nous permettons à la relation de respirer, et par conséquent, il est possible que nous connaissions plus de plaisir. Il nous est aussi nécessaire de laisser aller nos attachements aux rôles que nous jouons, en tant que mère, père, mari, épouse, sœur, frère, ami, collègue ou entrepreneur. En abandonnant nos attachements à nos rôles, nous devenons plus libres d'être ce que nous sommes vraiment : des êtres spirituels magnifiques et sans limites.

Prenez un moment pour passer votre vie en revue. À quoi tenez-vous trop ? Que craignez-vous de perdre ? Si vous vous sentez déçu parce que les choses ne fonctionnent pas comme vous l'auriez voulu, ou que vous craignez de perdre quelque chose, comme une relation ou l'accomplissement d'un rêve, vous êtes probablement trop attaché. Des émotions fortes, comme la peur ou le désespoir, peuvent être un signe que vous êtes trop attaché et que vous essayez de contrôler les résultats.

Essayez l'exercice suivant : faites la liste de vos attachements, individuellement, sur des morceaux de papier séparés et chiffonnez-les. Souvenez-vous d'inclure les rôles que vous jouez, comme mère, père, partenaire ou ami. Méditez sur la région de votre corps où vous sentez que l'attachement réside. Par exemple, essayez de voir si vous ressentez de la tension dans votre estomac ou dans votre tête lorsque vous y pensez ? Soufflez ensuite l'énergie de chaque attachement sur vos morceaux de papier. Jetez-les dans le feu, un à la fois, en concentrant votre intention sur le lâcher-prise. Remarquez comment vous vous sentez à mesure que l'énergie de vos attachements est libérée dans le feu.

Si vous êtes attaché à un rêve, une croyance, une idée, un rôle, une relation, ou un objet matériel, demandez-vous : « Qu'est-ce que cela représente ? Quel besoin cela satisfait-il ? » Par exemple, vous voulez peut-être concevoir un enfant afin de faire l'expérience de l'amour inconditionnel et la joie. Y a-t-il une autre façon de combler ce besoin, comme se procurer un animal de compagnie ou adopter un enfant ? Parfois, ce que nous croyons que nous voulons n'est pas nécessairement ce que nous désirons vraiment. Cherchez profondément en vous-même pour découvrir votre vérité.

Comme si nous transportions un sac à dos rempli de pierres, nos attachements peuvent créer un fardeau. Quand nous avons confiance et que nous lâchons prise, nous retirons ce sac à dos et nous nous sentons plus légers et plus libres.

Détendez-vous et suivez le courant

Quand nous acceptons les choses telles qu'elles sont, quand nous nous abandonnons au résultat, et que nous laissons aller nos attachements, nous permettons à l'énergie de la résistance de disparaître et nous sommes en mesure de nous détendre et de suivre le courant. Lorsque nous suivons le courant, nous n'essayons pas de forcer les choses ou de résister à celles qui se manifestent. Au lieu de trop essayer, de pousser ou de combattre, nous permettons aux choses de se dérouler naturellement, avec une perfection divine. Tout se fait facilement, comme le fait de naviguer sous le vent en surfant sur les vagues.

Lorsque nous essayons d'imposer un résultat particulier, ou que nous résistons à ce qui est, nous nous éloignons du rôle de cocréateur et nous entrons dans le jeu de celui qui affirme «ce sera fait comme je le désire». C'est comme si nous disions à Dieu, ou à une puissance supérieure : «Je n'ai pas confiance en votre habileté à prendre soin de moi et à me procurer ce qu'il me faut pour mon plus grand bien.» Comme nous ne savons pas toujours ce qu'est notre plus grand bien, nos efforts pour changer le résultat ou pour résister deviennent futiles.

Lorsque nous permettons aux choses de se dérouler librement, nous créons un sentiment d'ouverture, de légèreté et de liberté. Lorsque nous nous trouvons dans cet état, nous sommes plus en mesure d'exister dans le moment et de demeurer présents avec notre corps, notre esprit et notre âme. Ceci permet à l'Esprit de travailler à travers nous, permettant à tous les éléments de notre vie de circuler harmonieusement et naturellement.

Mon processus d'écriture en est un bon exemple. Après avoir établi mes intentions sur ce que je veux créer, je laisse tomber mes attentes par rapport à la façon ou au moment où cette création se produira, et je deviens présente et disponible aux conseils de l'Esprit. Dès que j'essaie de forcer les choses, je me sens coincée et j'éprouve de la frustration. Mon écriture ne coule pas. Par contre, lorsque j'exprime simplement mes intentions, je me détends et j'abandonne mes attentes par rapport au résultat. Souvent je n'ai aucun indice sur la façon dont tout ceci se déroulera. Quelque chose se produira tôt le matin, durant un rêve, pendant que je médite, ou spontanément pendant que j'écris dans mon journal — mais rarement quand j'ai des attentes sur la façon dont ça devrait se passer. Par exemple, l'autre jour j'étais étendue sur le lit et je me suis demandé si je devais aller à l'église ou rester à la maison et travailler à la rédaction de mon livre. Comme je devais le remettre sous peu à mon éditeur, il était logique que je reste chez moi et que je continue à écrire. Mais ma sagesse intérieure m'a inspirée, me suggérant de me lever et d'aller à l'église. Et bien, le sujet du sermon correspondait exactement à celui sur lequel j'écrivais ! J'ai donc reçu des informations supplémentaires dont j'avais besoin pour continuer. Cocréer de cette façon exige très peu d'effort de ma part et c'est très plaisant. Je n'ai qu'à être présente, à établir mes intentions et à écouter les conseils de l'Esprit.

La nature enseigne merveilleusement bien ce principe du mouvement. Nous n'avons qu'à observer les saisons du printemps, de l'été, de l'automne et de l'hiver, et les cycles de la vie et de la mort. Tout comme la nature, nous possédons nos propres cycles naturels. Par exemple, il y a un temps pour la guérison, et un temps pour retourner en arrière et libérer ce que nous avons accumulé en cours de route, comme la tristesse, la colère et la déception. Au cours de cette période, il est important de se permettre de lâcher prise ; ainsi lors du changement de saison nous aurons créé de l'espace pour faire l'expérience de plus d'amour, de joie et d'abondance.

Il nous faut être aimants et patients avec nous-mêmes pendant ces périodes d'inconfort. Il nous faut avoir confiance qu'au moment opportun, la saison changera. Si nous sommes trop durs envers nous-mêmes, si nous résistons à ce que nous apporte la saison que nous sommes en train de vivre, nous souffrirons et bloquerons le flot naturel de guérison et d'abondance. Par exemple, si vous êtes malade, au lieu de résister en prétendant que vous vous sentez bien ou en cherchant des moyens pour mieux vous sentir, abandonnez-vous. Acceptez votre situation, détendez-vous et permettez à la guérison de se produire tout naturellement. Plus vous résisterez à la maladie, plus vous vous sentirez mal.

Si vous pensez fréquemment à ce que vous devriez faire pour vous améliorer ou pour améliorer les circonstances de votre vie, pour permettre à votre idéal — votre rêve, une santé parfaite, une relation, ou un emploi — de se réaliser, il est possible que vous résistiez et que vous essayiez de maîtriser le résultat. Essayez plutôt de créer une vision positive de ce que vous souhaitez. Ayez confiance que votre plus grand bien est en route vers vous, se dirigeant vers vous en ce moment. Détendez-vous et lâchez prise.

Lorsque vous vous détendez, des idées créatives surgiront rapidement et vous accomplirez plus de choses avec moins d'efforts. En demeurant dans un état d'esprit ouvert et positif, vous êtes plus réceptif pour permettre à votre plus grand bien de se réaliser.

Jouez, riez et ayez du plaisir

L'un des meilleurs moyens de se détendre et de se laisser porter par le mouvement, est le jeu. En tant qu'adultes, on nous a enseigné la valeur du dur labeur et de la responsabilité, mais dans le processus nous avons perdu notre capacité d'être spontanés et de jouer. La plupart d'entre nous sont constamment tendus et prennent la vie trop au sérieux : nous passons des responsabilités du travail à celles de la maison. Jouer nous aide à nous détendre et crée un équilibre entre le stress et le dur labeur, apportant ainsi plus de joie dans notre vie.

Jouer exige que nous suivions notre cœur et que nous fassions ce que nous aimons et ce qui nous passionne, tout en laissant nos soucis derrière et en étant totalement présents au moment qui passe. Les bébés et les petits enfants trouvent de la joie dans les choses simples. Tout est nouveau et excitant, le simple fait de frapper sur des casseroles peut leur procurer un plaisir incommensurable. Ils ne s'inquiètent pas de l'avenir et sont totalement présents dans chaque moment. Les chatons, les chiots et les dauphins, par leur spontanéité et leur exubérance, nous donnent aussi des enseignements extraordinaires sur le jeu. Qu'est-ce que votre enfant intérieur aimerait faire ? Taquiner, plaisanter avec des amis, pratiquer des sports ou des jeux, faire l'idiot, jouer avec des enfants ou des animaux, danser, chanter ? Quand avez-vous eu du plaisir pour la dernière fois ? Qu'étiez-vous en train de faire ? L'histoire suivante est un exemple de la façon dont le jeu peut transformer une situation potentiellement ennuyeuse en une situation plaisante.

Alors que nous avions jeté l'ancre à l'île Thursday — une petite ville calme située dans le nord-est de l'Australie —, John et moi nous ennuyions en attendant que notre lessive soit terminée. N'ayant pas très envie de rester au pub local pour passer le temps, nous avons décidé de faire de l'exploration et nous avons abouti dans un parc. Alors que John dormait paisiblement sous un arbre, j'ai décidé de me joindre aux enfants sur le terrain de jeu. *Pourquoi pas ? Je ne serai jamais trop vieille pour jouer*, me suis-je dit. Pendant que je me balançais, j'ai tenté d'engager la conversation avec la fillette près de moi. Comme je n'obtenais pas de réponse, j'ai synchronisé le mouvement de ma balançoire avec le sien, et j'ai regardé en arrière, puis à l'envers, en lui faisant de drôles de grimaces chaque fois que la balançoire m'élevait dans les airs. Elle a fini par se laisser apprivoiser et elle a commencé à rire. Après les balançoires, elle m'a pris la main et m'a emmenée pour me montrer le reste du terrain de jeu. Nous avons joué sur toutes les pièces d'équipement, incluant les barres de suspension. Nous avons même grimpé à un arbre. J'ai rapidement cessé de m'ennuyer et je me sentais joyeuse, jeune et vivante.

En réfléchissant à cette journée, je réalise comme il est facile de transformer une expérience ennuyeuse et insignifiante en une expérience épanouissante en tirant le maximum de notre environnement et en nous impliquant. Je me suis aussi rendu compte que parfois, ce sont les petites choses quotidiennes et parfois ennuyantes qui peuvent devenir amusantes. C'est à nous de choisir.

Tout en choisissant de jouer plus souvent, nous ne devons pas oublier de rire. Le rire est la meilleure médecine de l'âme. Il ouvre notre cœur, libère la tension et nous permet d'être plus réceptifs, en créant de l'espace pour un flot d'abondance, de créativité, d'amour et de joie. Qu'est-ce qui vous fait rire ? Essayez de placer des bandes dessinées, des blagues et des images amusantes dans votre maison ou votre bureau. Louez des films amusants. Riez de vos imperfections. Découvrez l'humour dans la vie.

Nous avons besoin de nous détendre et de relaxer quotidiennement, de cesser de prendre la vie trop au sérieux, et de trouver des moyens d'inclure plus de rire, de jeux et de plaisanteries dans notre vie. Osez vous libérer de vos inhibitions. Faites quelque chose d'extravagant, jouez comme un enfant et ayez du plaisir !

Suivez la voie de votre cœur

Lorsque nous vivons une vie authentique et que nous suivons nos rêves, il se peut que nous ayons l'impression de nous retrouver suspendus à l'extrémité d'une branche d'arbre ou de nous tenir au bord d'un précipice. La situation n'est pas toujours confortable. Peut-être nous demandons-nous comment faire face à nos obligations : paiement d'hypothèque, du loyer ou des factures. Il est plus facile d'être confiant quand notre compte en banque est rempli. Mais l'Univers a une façon incroyable de nous venir en aide lorsque nous nous engageons à poursuivre nos rêves. Des ressources inattendues se présentent pour nous aider dans nos plans, comme de l'argent, des gens ou des livres qui nous donnent des renseignements importants. Souvent, des signes se manifestent et des événements se produisent de façon tout à fait opportune.

Par exemple, avant de quitter Seattle, John et moi avons reçu de l'argent imprévu à différentes occasions ; ce qui s'est avéré extraordinairement utile pour réaliser nos projets. De façon similaire, après être déménagés à Big Bear et avoir démarré ma propre entreprise, les ressources et le soutien se sont manifestés bien au-delà de ce que j'aurais pu rêver. En même temps que nous poursuivions nos projets, et malgré nos incertitudes financières, nous avons continué à recevoir ce soutien à plusieurs reprises. Tout ce temps, la citation suivante de W. H. Murray nous a servi d'inspiration :

> Jusqu'au moment où l'on s'engage, il y a de l'hésitation, on risque de reculer, et tout semble inefficace. Dans toutes les situations où l'on doit prendre une initiative (de même que pour les actes de création), il existe une vérité

élémentaire — dont l'ignorance anéantit d'innombrables idées et projets magnifiques — dès le moment où nous nous engageons pour de bon, la providence se met en mouvement.

Tout un courant d'événements émerge de la décision, entraînant en notre faveur toutes sortes de péripéties, de rencontres et d'aide matérielle imprévues, qu'aucun homme n'aurait pu rêver trouver sur son chemin.

Il est essentiel de nous engager lorsque nous essayons de vivre nos rêves. Si nous nous engageons seulement à moitié, nous envoyons des signaux mélangés à l'Univers et nous fermons la porte à la réception d'une aide. Une fois que nous nous sommes pleinement engagés, les portes s'ouvrent toute grandes et l'aide se manifeste de toute part. Le degré de succès que nous obtenons — dans n'importe quel projet — correspond directement à notre degré d'engagement. Notre travail consiste à décider ce que nous désirons vraiment, à nous engager de tout notre cœur, à faire confiance et à lâcher prise pendant que l'Univers active sa magie.

Sandy, une scénariste, dirigeait une entreprise de consultation depuis treize ans. Lorsqu'elle a commencé à ne plus se plaire dans son entreprise, elle a décidé de la vendre et de déménager. Elle a ainsi eu l'occasion de suivre sa passion pour l'écriture et elle a été amenée à diriger des voyages dans les îles Galápagos.

Lorsqu'elle était propriétaire de son entreprise, et que l'entreprise avait ses hauts et ses bas, elle avait appris à avoir confiance dans le fait qu'elle ne manquerait de rien. « Je savais qu'il se produirait toujours quelque chose pour me venir en aide, a-t-elle confié, car c'était toujours ainsi que ça s'était passé. »

Sandy a décidé de vendre sa maison à Long Beach, en Californie, et elle a emménagé dans une maison à Big Bear — elle ne voulait pas retourner travailler dans un emploi régulier. « Je ne veux pas capituler en travaillant seulement pour payer l'hypothèque », a-t-elle expliqué.

Lorsqu'elle a déménagé à Big Bear, Sandy n'était pas certaine de savoir comment elle pourrait gagner sa vie, mais elle savait que ce serait en faisant quelque chose qu'elle aimait, l'argent viendrait. Elle s'est engagée à suivre son cœur. Elle a commencé à s'impliquer dans des activités reliées à l'environnement, puisque c'était important pour elle. Et plusieurs mois plus tard, on l'a rémunérée pour ce travail, sans qu'elle s'y attende.

Lorsqu'on lui a demandé comment elle avait appris à vivre en toute confiance, Sandy a expliqué : « C'est un processus qui dure toute une vie. Même lorsque vous apprenez à faire confiance à un certain niveau, quelque chose se produit et vous devez rétablir la confiance. »

Sandy a travaillé fort pour reconditionner son cerveau et se débarrasser de ses pensées négatives ; des pensées inspirées par la peur. Par le passé, elle s'est servie d'une technique appelée « contrôle de la pensée » pour rediriger ses pensées. « Vous commencez à observer ce qui se passe en vous. Vous prenez le contrôle, et vous n'êtes pas obligé de prendre la direction que vous suggère votre esprit », a expliqué Sandy.

Reconditionner son cerveau, afin de vivre le moment présent et d'avoir des pensées positives, exige de la vigilance et de la pratique ; mais l'effort en vaut la peine. Aujourd'hui, Sandy découvre qu'il lui arrive fréquemment de ne pas avoir de pensées et elle se sent plus en paix. Elle plaisante : « Parfois, ça fait du bien de sortir de son esprit ! » Cathy, une designer d'intérieur, a démarré sa propre entreprise il y a deux ou trois ans après avoir déménagé à San Diego. Étant divorcée et ne connaissant personne dans le secteur, ce changement représentait tout un défi. « Je n'ai personne sur qui compter pour alléger mon fardeau », a-t-elle expliqué. Ce qui aide Cathy à conserver sa foi et à demeurer positive, c'est de marcher sur la plage environ une heure tous les deux jours. « Être à l'extérieur, respirer l'air frais, et me retrouver dans la nature purifie mon esprit et m'aide à me sentir reconnaissante », a-t-elle confié.

Lorsqu'elle était sans travail pendant des mois, Cathy se sentait effrayée, mais elle s'est laissée porter par le courant. Parce qu'elle a écouté son intuition et qu'elle s'est laissée guider par ses sentiments et ses émotions, elle connaît maintenant du succès. Durant le processus, elle continuait d'avoir la certitude qu'on prendrait soin d'elle, et elle avait foi en sa vision. Son degré de confiance et d'engagement correspond au niveau de réussite qu'elle connaît aujourd'hui.

À travers son expérience et en apprenant de sa famille et de ses amis, Cathy en est venue à accepter la vie, et son espace intérieur est maintenant rempli de paix. Elle a confié : « Plus je vieillis, plus je crois que les choses se passeront simplement comme elles doivent se passer. »

En nous engageant à suivre ce que nous dicte notre cœur et en faisant confiance au processus, les portes s'ouvrent et la providence entre pour nous aider. Toutes les forces se rassemblent en une superbe symphonie d'amour, de joie et d'abondance. Lorsque nous surfons sur les vagues, naviguant doucement dans la vie de nos rêves, nos cœurs sont satisfaits et épanouis.

Exercices

1. Y a-t-il des circonstances dans votre vie que vous avez de la difficulté à accepter, mais qui sont hors de votre contrôle ? Si oui, expliquez. De quelle façon pourriez-vous vous abandonner plus totalement ? Écrivez la prière suivante tirée des douze Étapes sur une fiche et placez-la dans un endroit bien en vue : « Mon Dieu, accordez-moi la sérénité d'accepter les choses que je ne peux changer, le courage de changer ce que je peux changer et la sagesse d'en connaître la différence. »

2. À quoi tenez-vous trop — une idée, une croyance, une relation ou un rêve ? Que craignez-vous de perdre en lâchant prise ? Écrivez sur ce sujet dans votre journal et expliquez. Créez une cérémonie du feu pour brûler l'énergie de vos attachements. Puis entrez en méditation pour visualiser que vous vous sentez plus léger et plus libre.

3. Quelle est cette chose que vous souhaitez qui se produise si désespérément ? À quoi résistez-vous ? Récitez régulièrement l'affirmation suivante, jusqu'à ce que vous vous sentiez plus ouvert, plus détendu et plus réceptif : « Je permets que mes désirs les plus profonds se comblent naturellement dans la perfection divine, pour mon plus grand bien. J'ai confiance dans le fait que le plan de Dieu/Créateur pour moi est bien meilleur que je ne peux l'imaginer. »

4. Créez-vous de la place dans votre vie pour le jeu ? Avez-vous du plaisir ? Sinon, assoyez-vous paisiblement et

méditez ; puis demandez à votre enfant intérieur ce qu'il voudrait expérimenter. Ensuite, trouvez des périodes dans votre horaire pour donner plus de temps à ces expériences. Engagez-vous à apporter plus de joie, de rire et de plaisir dans votre vie de tous les jours.

5. Vous êtes-vous engagé pleinement à suivre votre cœur et à vivre la vie de vos rêves ? Sinon, que craignez-vous ? Durant la méditation, demandez à votre moi supérieur de vous montrer une vision de ce à quoi ressemblerait votre vie si vous vous engagiez complètement à réaliser vos rêves. Écrivez dans votre journal au sujet de cette expérience et créez un plan d'action avec des étapes que vous pourrez suivre pour démontrer votre engagement.

Méditation guidée

Cette méditation vous aidera à vous détendre profondément en vous-même, et à faire l'expérience de la liberté et de la paix qui nous viennent lorsque nous nous abandonnons complètement et que nous lâchons prise.

Si possible, assoyez-vous directement au soleil, soit dans une chaise, les jambes croisées sur un coussin ou à l'extérieur dans la nature. Commencez en concentrant votre attention sur votre respiration et veillez à ce qu'elle devienne de plus en plus profonde. Créez un flot rythmique en espaçant également chaque inspiration et chaque expiration. Lorsque vous commencez à vous détendre, notez toutes les régions de votre corps où vous ressentez de la tension ou de l'inconfort, et envoyez votre respiration vers ces endroits en permettant ainsi à la tension de s'apaiser et de se relâcher. Ensuite, notez la qualité de vos pensées. Essayez d'immobiliser votre esprit pendant que vous êtes paisiblement assis dans un état silencieux de conscience.

Imaginez une boule de lumière dorée et chaude qui est environ de la taille d'un ballon de basket-ball. Elle flotte à quelques centimètres de votre tête. Elle s'enfonce lentement, en entrant par votre couronne et en remplissant tout l'espace de votre tête; faisant fondre toutes tensions, toutes pensées négatives et tous soucis. En s'enfonçant encore plus loin, elle voyage à travers votre cou, en passant pas votre poitrine; une partie de la lumière se dirige jusqu'à vos bras et vos mains, et sort par le bout de vos doigts. Une autre partie circule dans votre abdomen et dans la région pelvienne, descend dans vos cuisses et vos mollets, puis sort par vos pieds pour entrer dans la terre. Tandis que cette étonnante lumière dorée voyage à travers votre corps, elle pénètre chaque cellule de votre être, vous remplissant de lumière, d'amour et de paix. Elle dissout les régions dans lesquelles vous vous agrippez trop fort, vous aidant à vous détendre profondément, à vous abandonner et à lâcher prise. Ressentez la chaleur de l'énergie de cette lumière, comme lorsque vous vous prélassez au soleil. Vous êtes entièrement libre et en paix avec vous-même.

Imaginez la lumière qui circule et sort de votre corps, à quelques mètres de votre peau, englobant l'énergie de votre corps. Visualisez-la irradiant de vous, remplissant votre maison et l'enveloppant. Elle voyage encore plus loin pour inclure votre quartier, votre communauté et votre région. Imaginez-la qui entoure votre pays et même plus loin, la planète toute entière. Voyez la planète remplie et entourée par cette incroyable lumière brillante. Remarquez qu'elle continue à se répandre, allant même jusque dans l'espace, remplissant le vide obscur, entourant les étoiles et les planètes, circulant à travers la Galaxie et l'Univers tout entier. Prélassez-vous dans la paix et la chaleur de cet état élargi. Vous êtes un être humain aimant et rempli de lumière, connecté à toute existence. Vous êtes un avec l'Univers et avec toute vie.

Lorsque vous avez l'impression que d'avoir réalisé votre objectif, revenez lentement et doucement dans la pièce et ouvrez les yeux. Notez votre expérience et toutes les nouvelles idées qui vous sont venues. Faites l'essai de cette méditation lorsque vous vous sentez tendu ou stressé.

PARTIE V
ARRIVEZ À VOTRE DESTINATION

CONCLUSION
RECRÉEZ VOTRE VIE
À PARTIR DE LA JOIE

Nous devons apprendre à nous réveiller et à nous
tenir éveillés, non par des aides mécaniques,
mais par une attente sans fin de l'aube, qui
ne nous abandonne pas même dans notre
sommeil le plus profond.

— HENRY DAVID THOREAU

Le véritable objectif de ce voyage, c'est l'expérience de la
joie. Par conséquent, l'arrivée à notre destination est indéfi-
nissable, puisque nous sommes des êtres créatifs et infinis,
nous nous réinventons continuellement nous-mêmes, tout
en réévaluant notre identité et nos désirs. Lorsque nous
comblons un désir, un autre naît, puis un autre. C'est un processus sans fin ; nous créons constamment le nouveau. Par
conséquent, l'important c'est le *voyage*, tout en vivant nos
désirs sur une base quotidienne. Lorsque nous nous concentrons trop sur la destination, qu'il s'agisse de notre liste de
choses à faire, de nos objectifs ou de nos rêves, nous
oublions d'expérimenter la joie du moment — et peut-être
nous privons-nous de visiter une île paradisiaque située en
bordure du trajet que nous avions planifié.

Dans le film *Before Sunset*, le personnage d'Ethan Hawke
affirme que : « Le bonheur se trouve dans l'action. Non par
l'obtention ce que nous voulons. » Ce n'est que dans le processus et dans le moment présent que nous pouvons trouver

le bonheur. Par conséquent, le rêve est juste ici, maintenant, et non pas sur quelque rivage éloigné.

Notre perception et notre expérience de notre univers — l'état interne de notre être — déterminent notre conscience. L'important, c'est cet état de conscience que nous apportons dans les expériences de notre vie. Comme l'écrit Eckhart Tolle dans son livre *Nouvelle terre* : « La joie ne provient pas de vos actes, elle circule dans les gestes que vous posez, et par la même occasion dans notre monde, en partant du plus profond de vous. » Nos réalisations et la nature de nos actes sont peu importantes. Si nous sommes complètement éveillés et conscients, nous ressentirons un sens accru de notre raison d'être dans tout ce que nous faisons, et nous connaîtrons ainsi la joie. Par exemple, disons que vous êtes en train de laver la vaisselle. Si vous n'êtes pas conscient du moment présent — vous pensez au travail, à votre liste de choses à faire, à ce que vous préparerez pour le repas —, vous exécutez tous les gestes nécessaires, mais vos actions ne visent qu'à accomplir la tâche. Par conséquent, vous ne ressentirez aucune satisfaction de votre accomplissement. Mais si vous êtes complètement conscient, présent et éveillé, il vous sera possible de profiter même des tâches les plus terre-à-terre.

Le processus d'éveil et de transformation se rapporte au voyage intérieur que nous entreprenons lorsque nous nous dirigeons vers la destination de nos rêves. Il faut du temps pour s'éveiller, évoluer et grandir, mais tel un voilier qui louvoie dans l'océan, des progrès constants se manifestent lorsque nous nous engageons à recréer notre vie et qui nous sommes. L'histoire de Laura, une artiste de soixante-dix ans, illustre bien ce point.

Très tôt, Laura a su qu'elle avait des dons pour la peinture, mais sa famille l'a découragée de poursuivre sa passion. On lui avait transmis la croyance limitative que «les artistes vivent dans la pauvreté»; elle a donc fait des études pour être enseignante. À quarante-cinq ans, plusieurs événements marquants se sont produits : sa mère a été victime d'un ACV, sa belle-mère a reçu un diagnostic de cancer, et son premier mari est décédé. Elle a pris conscience qu'elle pourrait mourir à n'importe quel moment, et elle a décidé de quitter son emploi pour faire de la peinture. Ainsi, a commencé son périple, un processus qui a duré douze ans pour trouver un travail qu'elle aimait tout en profitant de la vie.

Pendant dix ans, elle a fait du travail à la commission qui était loin de la satisfaire. «Ce travail me tuait, a-t-elle confié. J'étais très peu enthousiaste. C'était une ruée pour faire de l'argent et j'étais souvent malade.» Se sentant acculée au pied du mur, parce qu'elle n'avait pas les moyens de quitter son commerce, mais qu'elle avait désespérément besoin de prendre une pause, Laura est allée parler avec des gens de son église. On lui a offert le logement et la nourriture en échange d'aide pour rénover des chalets. Laura a accepté volontiers.

Alors qu'elle se préparait à partir, elle s'est débarrassée de certaines choses, en a vendu d'autres et a placé cet argent dans un compte épargnes. «M'éloigner de mon entreprise, était comme sauter dans l'inconnu. J'avais peur, mais j'ai fermé les yeux et je l'ai fait», a dit Laura. Au départ, elle croyait qu'elle allait revenir dans six mois. Quatre ans plus tard, elle habite toujours dans le camp.

Au début, elle n'avait ni téléphone cellulaire ni téléviseur, ni ordinateur ou téléphone et elle communiquait par lettre avec ses amis et sa famille. «J'avais besoin d'espace pour me libérer l'esprit et la prochaine chose s'est tout simplement présentée par elle-même», a-t-elle raconté. En vivant une vie libre de stress et sans contraintes de temps, la création artistique de Laura a pu s'épanouir.

C'était tout un processus. «Il m'a fallu du temps, a-t-elle expliqué, pour me rendre compte que je possédais ce don et cette raison d'être uniques, et que c'était là que j'étais destinée. J'en suis venue à comprendre que je méritais de faire ce que je faisais.» La thérapie lui a permis de transformer ses peurs et ses croyances limitatives, aussi bien que de se libérer de son fardeau émotionnel. Elle a donc pu créer de l'espace pour que sa peinture émerge et soit prolifique.

Laura a ajouté : «Ça passe à travers moi. Lorsque je peins, je ne suis pas vraiment présente. C'est ainsi que je sais que c'est mon travail. Je suis le courant — c'est facile et confortable.» Elle éprouve du plaisir à faire ce qu'elle aime, et elle expérimente la joie à travers le processus. «Je suis vraiment à l'aise et en paix avec moi-même», a-t-elle ajouté.

Où êtes-vous dans votre voyage de transformation intérieure? Avez-vous l'impression d'être à l'aise et en paix? Vivez-vous de la joie dans chaque moment? Effectuez-vous des choix conscients qui correspondent à ce que vous êtes et à vos rêves et désirs les plus profonds?

Le temps est maintenant venu de commencer à naviguer et à recréer votre vie à partir de la joie. Alors que vous vous engagez à vivre aujourd'hui la meilleure vie possible, vous naviguerez dans la vie de vos rêves — une expérience joyeuse et remplie de sens dans l'ici et le maintenant.

POSTFACE
C'EST LE TEMPS DE TRACER UNE NOUVELLE TRAJECTOIRE

> J'ai quitté les bois pour une aussi bonne raison que celle qui m'y avait fait entrer. Peut-être me semblait-il que j'avais plusieurs autres vies à vivre et que je ne pouvais plus consacrer de temps à celle-ci.
>
> — HENRY DAVID THOREAU

Pendant la rédaction de ce livre, plusieurs saisons se sont écoulées, et notre vie et nos rêves se sont transformés. La plus grande décision que nous avons prise a été de vendre le voilier et le chalet et de déménager au Colorado. Nous souhaitions ainsi profiter d'autres occasions favorables, et connaître une plus grande prospérité. Nous voulions créer de la place dans notre vie pour la croissance personnelle et financière — et fonder une famille. Au Colorado, il nous serait possible de maintenir notre style de vie dans un milieu naturel à un rythme ralenti, tout en étant situés à seulement trente minutes d'une agglomération urbaine importante nous offrant plus de possibilités.

Durant le processus de déménagement et de lâcher-prise, j'étais très triste. J'adorais la maison que nous avions créée, la communauté où nous vivions, et les amis que je m'y étais faits. Plusieurs fois, je me suis posé des questions. Avions-nous pris la bonne décision ? Et l'inconnu m'effrayait. Mais chaque fois que je m'assoyais en silence pour méditer, je me sentais joyeuse et légère. Mon moi supérieur savait que ce déplacement correspondait à notre plus grand bien. De plus, des événements synchronisés ont continué à se produire pour nous indiquer que, oui, c'était bien le bon choix. John s'est envolé vers Denver pour une entrevue d'emploi et pour louer une maison. Il cherchait des propriétés dans la ville pour que nous y habitions jusqu'à ce que nous achetions notre propre maison dans les montagnes. À la toute dernière minute, il a vérifié une dernière fois dans le journal pour trouver des propriétés dans la montagne à environ trente minutes de Denver. Effectivement, une nouvelle inscription était publiée — le chalet parfait pour devenir notre foyer au beau milieu de la nature.

Alors que j'essayais de gérer mes sentiments et mon chagrin à propos du déménagement, j'ai décidé de me concentrer sur l'idée que je ne perdais pas quelque chose, mais que je donnais une plus grande dimension à ma vie. J'ai vu à quel point toutes mes expériences depuis que nous habitions à Big Bear, et que nous étions propriétaires d'un voilier, étaient pour toujours gravées dans mon cœur, et étaient devenues une partie importante de la personne que je suis. Je me suis rendu compte qu'en déménageant et en recréant notre vie, nous ne faisions qu'accroître nos expériences et nous améliorer nous-mêmes. Mon chagrin s'est rapidement transformé alors que je saisissais cette nouvelle conscience d'expansion par rapport à la perte. J'ai aussi fait confiance en la vie qui nous fournirait «ce qu'il nous faut ou même mieux». Je savais qu'une fois que nous nous engagerions dans cette nouvelle direction, la providence se mettrait en marche pour nous aider — comme elle l'avait toujours fait.

Peu après notre installation dans notre nouvelle maison, j'ai su que nous avions pris la bonne décision. Sur la route entre notre maison et la ville, je vois des élans et des chevaux qui broutent ; des montagnes aux sommets enneigés qui apparaissent au loin contre la pureté du ciel bleu ; et des trembles qui enluminent les montagnes de jaune, de doré, d'orange et de rouge. Rapidement, nous nous sommes fait de nouveaux amis, et de nouvelles opportunités se sont présentées à nous. Je suis remplie du plus grand respect pour la perfection divine et pour le courant que suit notre vie, alors que ce magnifique voyage continue de se dérouler.

Karen Mehringer
Evergreen, Colorado
Septembre 2006

REMERCIEMENTS

À tous les créateur, je suis si reconnaissante de cet honneur de cocréer ce livre et de l'offrir au monde. La création de cet ouvrage a constitué un extraordinaire voyage de transformation personnelle, de guérison, de plaisir et de joie. Merci. Merci. Merci.

Naviguez vers vos rêves a été créé grâce à une collaboration d'idées, d'inspiration, d'énergie et d'efforts. Merci à Denise Zuckerman d'avoir planté la semence qui m'a permis de le commencer. Grands mercis aussi à Diana Guerrero pour m'avoir guidée dans la bonne direction par rapport au concept, et d'avoir suggéré des ressources utiles.

À mes lecteurs — Sandy Steers (qui est aussi ma partenaire d'écriture et de création), Denise Cavali, Christie Walker, Cathleen Calkins, Laura Jaster, et mon cher mari, John Mehringer —, je vous suis à jamais reconnaissante pour votre soutien et votre précieuse rétroaction.

Je veux aussi remercier mes mentors spirituels, professeurs et amis — John Knowlton, Lumenaria Goyer, Robin Bradley et Lena Karunemaya. Votre sagesse et votre amour sont infusés dans ces pages. Mon groupe de méditation a aussi été une source de soutien, d'inspiration et de croissance spirituelle. Merci à Robin, Gina, Carol, Sandy et Sue pour tout leur soutien.

À tous mes clients et à tous ceux qui ont participé aux ateliers, et de qui j'ai tellement appris ; à tous les gens interviewés pour ce livre — merci. Votre vie et vos histoires ont été une inspiration.

À Carrie Obry, ma directrice chez Llewellyn — je vous remercie d'avoir cru en moi et en ce projet. Merci pour votre chaleur, votre réceptivité, et votre enthousiasme. Ce fut une joie de travailler avec vous. Et au reste du personnel chez Llewellyn — Wade, Alison, Kelly, et tous les autres — merci pour votre dur labeur et votre dévouement. Merci aussi à Barbara Neighbors Deal, de Literary Associates, d'avoir cru en ce livre et de m'avoir soutenue pendant le cheminement vers la publication.

Maman, je suis si reconnaissante pour ton amour et ton soutien. Tu es ma plus grande admiratrice et tu m'as toujours encouragée à faire tout ce que je voulais dans la vie. Tu es un étonnant modèle émulateur : une personne qui donne du sens à sa vie et qui n'a pas peur de poursuivre ses rêves.

Je suis incroyablement bénie d'avoir une famille qui m'offre autant de soutien, et ce, des deux côtés, incluant ma belle-famille. Merci pour votre amour. Vous avez tous enrichi ma vie.

Enfin, je ne voudrais pas oublier de remercier mon mari, John, dont l'amour et le soutien ont permis la création de ce livre. Mon chéri, c'est un bonheur de parcourir ce voyage avec toi! Je t'aime!

SUGGESTIONS DE LECTURES

Voici une liste de livres qui m'ont été utiles durant mon périple.

CHOPRA, Deepak. *Les sept lois spirituelles du succès*, Éditions du Rocher, 2002, 1995.
— *Le livre des coïncidences : vivre à l'écoute des signes que le destin nous envoie*, Paris, Interéditions, 2004.

DYER, Wayne W. *Les 10 secrets du succès et de la paix intérieure*, Éditions Un Monde différent, 2003.
— *Le pouvoir de l'intention : apprendre à co-créer le monde à votre façon*, Éditions AdA, 2007.
— *Il existe une solution spirituelle à tous vos problèmes*, Éditions AdA, 2003

EMOTO, Masaru. *The Hidden Messages in Water*, Hillsboro, OR: Beond Words Publishing, 2004.

FORD, Debbie. *La meilleure année de votre vie : rêvez-la, planifiez-la, vivez-la*, Éditions AdA, 2005.

SHAKTI, Gawain. *Techniques de visualisation créatrice*, Genève, Soleil, 1988.

HAY, Louise L. *Transformez votre vie*, Éditions AdA, 2005.

HICKS, Esther et Jerry. *Créateurs d'avant-garde : demandez et vous recevrez : les enseignements d'Abraham*, Ariane, 2006.

INGRAM, Catherine. *Passionate Presence: Experiencing the Seven Qualities of Awakened Awareness*, New York, Penguin Putnam, 2003.

KLAUSER, Henriette. *Write It Down. Make It Happen: Knowing What You Want — And Getting It!* New York, Simon and Schuster, 2001.

RICHARDSON, Cheryl. *Prenez le temps de choisir votre vie : Un programme en sept étapes*, Éditions AdA, 2001.

TOLLE, Eckhart. *Nouvelle terre : l'avènement de la conscience humaine.* Ariane, 2005.
— *Le pouvoir du moment présent : guide d'éveil spirituel*, Ariane, 2000.
— *Quiétude : à l'écoute de sa nature essentielle*, Ariane, 2003.

VANZANT, Iyanla. *One Day My Soul Just Opened UP*, New York, Simon and Schuster, 1998.

RÉFÉRENCES

Étape 2
Page

52   *Dire oui au changement...* Joan Borysenko et Gordon Dveirin. *Dire oui au changement*, Éditions AdA, 2007.

60   *Les statistiques révèlent que depuis 1950...* « This New House », *Mother Jones*. Mars/avril 2005.

62   *D'après le Federal Reserve...* Brian K. Bucks, Arthur B. Kennichell et Kevin B. Moore. « Recent Changes in U.S. Family Finance: Evidence from the 2001 and 2004 Survey of Consumer Finances », *Federal Reserve Bulletin*, vol. 92 (février 2006). www.federalreserve.gov

Étape 3
Page

80   *Les statistiques de ACNielsen...* Norman Herr. « Television & Health » dans *The Sourcebook for Teaching Science: Strategies, Activities, and Internet Resources* (2002). www.csun.edu/~vceed002 (19 janvier 2007).

85   *D'après l'association CTIA...* Matt Sundeen. « Cell Phones and Highway Safety: 2005 Legislative Update », National Conference of State Legislatures. www.ncsl.org/programs/transportation/cellphoneupdate05 (19 janvier 2007).

86-87 *Une étude menée à Perth en Australie...* Bob Braun Jr. « Overview: More Phones, More Driving, and More Liabilitiy », *Braun Consulting News 8*, n° 1 (été 2005). www.braunconsulting.com (19 janvier 2007)

91 *Par exemple, d'après Robert Kubey...* Norman Herr. « Television & Health », dans *The Sourcebook for Teaching Science: Strategies, Activities, and Internet Resources* (2002). www.csun.edu/vceed002 (19 janvier 2007).

91 *Si l'attrait de la télévision...* Marie Winn. *The Plug-In Drug: Television, Computers and Family Life*, 2ᵉ éd. New York, Penguin Books, 2002.

91 *Dans une étude menée à l'hôpital Hammersmith...* « Nintendo Neurology », Science and the Citizen, *Scientific American*. Août 1998.

Étape 4
Page

107 *Notre plus grande peur...* Marianne Williamson. *Un retour à l'amour : réflexions sur le livre « Un Cours en Miracles »*, Éditions du Roseau, 1994.

109 *La résistance est aussi...* Gregg Levoy. *Callings: Finding and Following an Authentic Life*, New York, Three Rivers Press, 1998.

113 *Les choses qui se ressemblent s'attirent...* Esther et Jerry Hicks, *Créateur d'avant-garde : demandez et vous recevrez : les enseignements d'Abraham*, Ariane, 2006.

113 *Si nous voulons recevoir...* Laurence Boldt. *The Tao of Abundance: Eight Ancient Principles for Living Abundantly in the 21st Century*, New York: Penguin Group, 1999.

Étape 5
Page

128 *Des études démontrent que...* Shankar Vedantam. « Social Isolation Growing in U.S. », *Washington Post*, 23 juin 2006.

128 *Les troubles psychiatriques...* Allan V. Horwitz et Jerome C. Wakefield. «The Age of Depression», *Public Interest*, no 158 (hiver 2005).

129 *L'isolement social...* Scott Allen. «It's Lonely Out There», *Boston Globe*, 23 juin 2006. www.boston.com/ news/nation (19 janvier 2007).

135 *Sur le plan culturel...* Mary Pipher. *The Shelter of Each Other: Rebuilding Our Families.* New York, G.P. Putnam's Sons, 1996.

Étape 6
Page
155 *Plus vous vivez...* Eckhart Tolle. *Quiétude : à l'écoute de sa nature essentielle*, Ariane, 2003.

156 *Le corps...* Louise L. Hay. *Transformez votre vie*, Éditions AdA, 2005.

169 *Il n'existe pas de manque...* Ravi Dykema. «This Very Moment Is Magigcal : An Interview with Dan Millman», *Nexus : Colorado's Holistic Journal*, juillet/août 2006. www.nexuspub.com/articles/ 2006 (19 janvier 2007).

Étape 7
Page
178 *C'est cette liberté spirituelle...* Viktor Frankl. *Découvrir un sens à sa vie avec la logothérapie*, Éditions de l'Homme, 2006.

181-182 *Sa seule chance...* Viktor Frankl. *Découvrir un sens à sa vie avec la logothérapie*, Éditions de l'Homme, 2006.

185   *Il a découvert que...* Masaru Emoto, *The Hidden Messages in Water*. Hillsboro, OR: Beyond Words, 2004.

Étape 8
Page
214-215   *Jusqu'au moment où l'on s'engage...* William H. Murray. *The Scottish Himalayan Expedition* (1951), cité dans Meredith Lee, «Popular Quotes: Commitment», The Goethe Society of North America. http://goethesociety.org (19 janvier 2007).

Conclusion
Page
226   *La joie ne provient pas de...* Eckhart Tolle, *Nouvelle terre : l'avènement de la conscience humaine*. Éditions Ariane, 2005.